足球体能训练丛书 5

足球个人体能训练

［丹麦］延斯·邦斯博　麦格尼·莫尔　著
曹晓东　姜宇浩　成康　译
中国足球协会　审定

人民体育出版社

图书在版编目（CIP）数据

足球个人体能训练 /（丹）延斯·邦斯博（Jens Bangsbo），（丹）麦格尼·莫尔（Magni Mohr）著；曹晓东，姜宇浩，成康译. --北京：人民体育出版社，2021
(2025. 9重印)
（足球体能训练丛书：5）
书名原文：Individual training in football
ISBN 978-7-5009-5741-6

Ⅰ. ①足… Ⅱ. ①延… ②麦… ③曹… ④姜… ⑤成… Ⅲ. ①足球运动–身体训练 Ⅳ. ①G843.2

中国版本图书馆 CIP 数据核字（2020）第021110号

足球个人体能训练

［丹麦］延斯·邦斯博（Jens Bangsbo） ［丹麦］麦格尼·莫尔（Magni Mohr）著
曹晓东 姜宇浩 成康 译
出版发行：人民体育出版社
印 装：北京盛通印刷股份有限公司

开 本：710×1000 16开本 印 张：8.5 字 数：129千字
版 次：2021年2月第1版 印 次：2025年9月第2次印刷
书 号：ISBN 978-7-5009-5741-6
印 数：3,001—5,000册
定 价：48.00元

联系电话：（010）67151482
社 址：北京市东城区体育馆路8号（100061）
网 址：https://books.sports.cn/

编译委员会

策划：李飞宇

审定：中国足球协会

译者：曹晓东　姜宇浩　成　康

译审：曹晓东

前　言

在尤文图斯的训练计划中，我们关注每位球员在比赛中的能力发展。除此之外，我们还使用了多台相机的拍摄、广播公司的视频，以及在比赛和训练期间针对个别球员的特定拍摄，以便仔细研究每位球员所有方面的表现。之后我们对这些信息进行分析并依此为每位球员的技术、战术、身体和心理发展制订与球队战术相关的计划。此外，个人的测试提供了有关训练效果的宝贵信息，以及需要进一步改进的地方。我们也会安排针对有特殊需求的个别球员的训练。这种训练通常是在整个球队做同一练习时进行，或者分成不同小组分别进行不同的练习。

并非每个球队都像职业球队一样工作，但进一步关注个人发展和训练是一个有用的手段，它不仅可以使个人和球队的水平获得显著提高，而且也不受年龄和技能水平的影响。这本书中我们旨在提供适用于所有技能水平的简单建议。个人训练并不复杂，但慢慢开始获得一些经验，然后逐渐增加对个人发展的关注是有益的。这个努力是值得的。

祝好运！

延斯·邦斯博

麦格尼·莫尔

目　录

引　言

足球训练，即使是精英级别，多年来一直采用集体训练的方式，所有球员都进行相同的训练，教练员很少将注意力放在单个球员在比赛中的要求以及球员的能力上。本书提供了如何在足球中进行个人训练的建议。很多人误认为“足球个人体能训练”仅仅是进行个人的训练。其实只要安排合理，这种类型的训练可以很容易地将具有相同需求的球员以分组训练的方式进行实施，或者即便是很多球员进行同一大型练习，但练习中每位球员的要求却是不同的。

在制订训练计划前，应该对每位球员的需求进行分析。第一章描述了不同位置上顶级球员的要求，同时这也可以用来指导相似位置上的球员。为了获得进一步的了解，可以对球员进行个人分析。这不仅可以使用诸如多相机系统、GPS和视频等先进设备进行观察，也可以采用更简单的方式完成（详见第2章所述）。测试是一个获取球员能力重要信息的简单方法，并且可以定期用于训练设计和评估球员的发展状况。第2章介绍了一些简单的测试方法，这对于球员的评估非常有用。

在确定每位球员的优势和不足之后，教练员就要决定其哪些方面需要改进。改善个人不足可以为比赛表现打下坚实的基础，但不能期望其达到卓越的水平。进一步发展球员的个人优势，可以让球员达到更高的水平。例如，高速奔跑能力对于足球中一些位置上的球员来说是非常重要的，另外特别注重速度能力的提高，球员能够获得优异的表现，这使他们更具有优势。但是，应该记住，还应该用很多时间来培养年轻球员的技术和战术能力。如果速度快的球员不知道什么时候跑或者持球后不知道如何控球，那这样的球员是没有价值的。

第3章中，我们介绍了各种形式的体能训练。本章为后面章节的训练建立了基础，其后章节中我们将根据具体位置的球员提供针对性的训练。在之后的每章中，我们分析了与球队战术有关的球员类型的要求，并列举了一些专门为提高该类型球员的表现而设计的训练。同时，大多数练习也可以用来训练其他位置上的球员，因此每章中都提供了其他章节的练习参考。在第10章中，介绍了一些组合练习。练习涉及许多不同位置上的球员，这些练习在同时训练众多球员时非常高效。

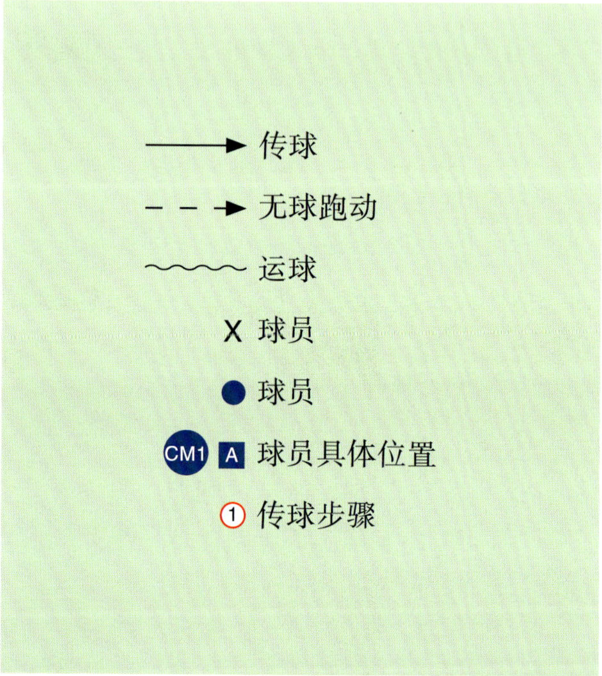

1. 对球员的要求

为了优化训练，教练员应该了解每位球员的身体需求、战术要求和技术素质。本章将以科学研究为基础，通过对高水平球员的比赛分析和体能测试，重点关注与球队中每个比赛位置相关的不同个体的差异，以此来描述足球对身体的要求。

比赛分析

在足球比赛中，球员的身体状况可以通过对其活动时间的运动分析进行评估。图1-1显示了一名优秀球员在不同速度下的跑动距离，很明显该球员大部分都是步行和低强度跑。然而，最重要的因素还是高强度跑和这些跑动的特征，并且在比赛中可以清楚地看到主要的个人差异。本文之后的部分将强调这些差异。

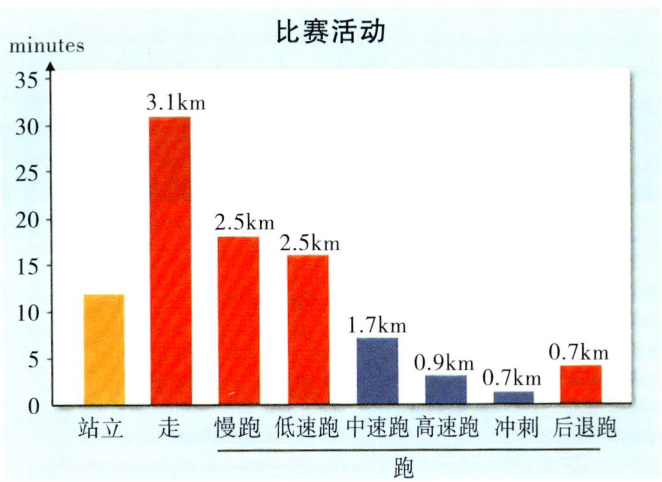

图1-1

一名优秀中前卫在不同速度下跑动的距离和消耗的时间。

比赛分析系统

20世纪60年代末，瑞典人首次尝试使用简单的视频分析方法分析球员在比赛期间的活动状况，随后这种方法在英国和丹麦得到了进一步的发展。20世纪90年代初，科学期刊上首次用数据论述了不同位置上的球员差异。据我们所知，20世纪末和21世纪初，首次把球员活动特征作为一种工具来定义不同球员的比赛要求，并且将这些新颖的信息应用于特定球员训练的顶级足球俱乐部是安切洛蒂和里皮执教的尤文图斯。

20世纪90年代末和21世纪初，尤文图斯利用视频分析重点关注个体球员特殊要求。

比赛影像分析系统要求有每名球员的全场录像，这是一个苛刻的过程。一名球员的赛后分析需要用2～3小时，而且要把比赛活动的测量和球员的特写镜头结合起来，才有机会对每名球员的身体素质和技战术能力进行综合分析。

许多的自动化系统在2000年初开始被各大职业足球俱乐部使用，其灵感来源于比赛影像分析系统。最成功的是阿米斯科（Amisco）和普罗松（Prozone）的多摄像系统，如今它已是各顶级俱乐部常见的比赛分析系统。该系统利用安装在体育场用来拍摄不同区域的几台高分辨率摄像机进行赛后分析。

这些系统可提供体能和战术的综合分析。比赛活动的量化和比赛视频片段是相互关联的，这为教练员提供了一种独特的工具，在比赛结束后向球员提供视觉反馈。此外，这些系统可以给出所有高强度跑动特点的详细信息，如最大速度、平均速度和跑动距离。他们还可以通过考虑区分不同的加速活动，如行进中的加速和爆发冲刺。多摄像头系统分析中选定变量参见表1–1。

表1–1　多摄像系统测量的高强度变量示例

从多摄像系统中选定的体能变量
总距离
高速跑动距离（>14公里/小时）
超高速跑动距离（>17公里/小时）
接近冲刺跑的距离（>21公里/小时）
冲刺跑的距离（>24公里/小时）
活动的次数
冲刺跑后恢复的时间
高速奔跑的次数
冲刺的次数
冲刺的距离
行进间冲刺的次数
爆发冲刺的次数

高时间分辨率全球定位系统（GPS）是另一个用作分析球员需求的工具。1 Hz分辨率的早期全球定位系统，即每秒一个采样，对足球中不断变化的活动并不是特别有用（在一场比赛中球员进行大于1200次的活动变化）。然而，如今的GPS系统提供了15～25Hz的高时间分辨率，即每秒15～25个样本，该系统还配备有心率分析软件，加速度计和陀螺仪，对足球中不同类型的身体活动进

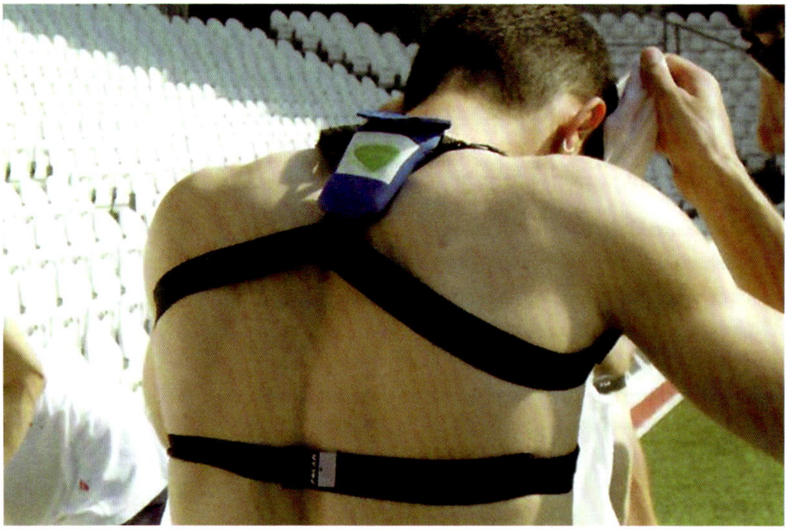

一名西班牙球员在穿戴GPS设备。

行了详细分析，比如心率反应、跑步速度、不同速度区间的距离、加速度、减速度、冲击和总体负荷。有关GPS记录的所选变量的概览参见表1-2。

表1-2　高时间分辨率GPS系统测量变量示例

从多摄像系统中选定的体能变量
心率
最大奔跑速度
平均跑动速度
不同阈值下的加速
不同阈值下的减速
不同阈值下的冲击
变向的角度
变向的次数
身体总负荷

该系统可以使教练员和体能教练通过手机和平板电脑对训练中的球员进行实时监控。例如，安切洛蒂在执教切尔西队时，首次建议使用该系统。因此，我们可以利用该系统有效地评估训练负荷，并及时反馈给球员。此外，主教练为了完成个人预定的训练目标，可以快速介入，修改训练内容。

全球定位系统的缺点是不能在足球比赛期间中使用，这意味着球队在比赛中只能使用多摄像系统，而在训练中才能使用全球定位系统，这就需要对不同系统收集的数据进行核查。

西班牙毕尔巴鄂竞技曾在圣马梅斯球场进行了一次科学研究，研究人员将比赛影像分析系统和多摄像系统以及两个不同的GPS系统进行了比较。这些系统报告指出比赛中跑动距离的显著差异，但如图1-2所示，四个系统在比赛15分钟的高速奔跑都显示出相同的变化，这表明这些比赛分析系统都是确定足球比赛期间工作负荷变化的有效方法。

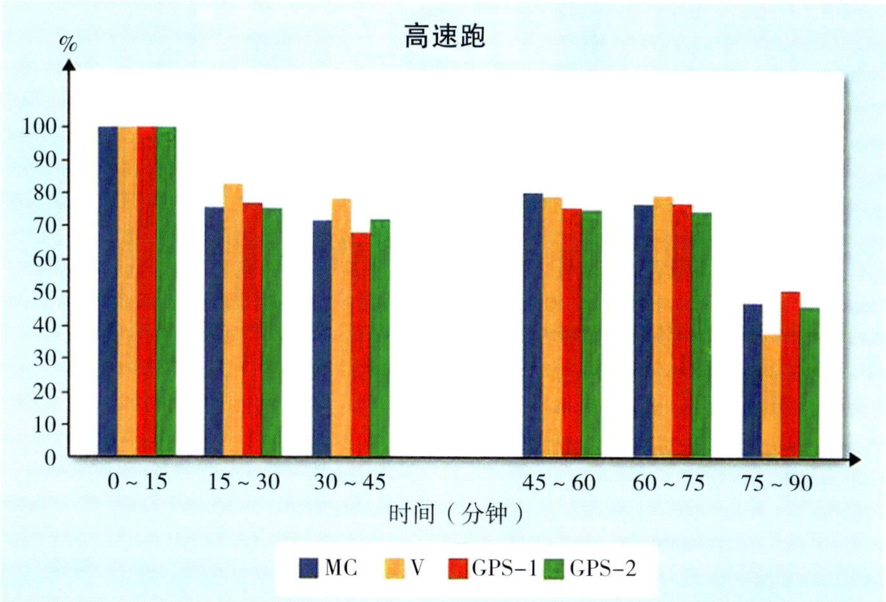

图1-2

不同系统获得的数据，多摄像系统分析比赛过程中的高速奔跑（MC），比赛视频分析系统（V），以及两个GPS系统（GPS-1和GPS-2），其他时段的数据为该时段数据相对于比赛前15分钟数据的百分比（B）。

最近，在挪威开发了一个名为ZXY的比赛分析系统。该系统基于无线电技术（radio technology），可以佩戴仅配有发射器的腰带来测量各种身体指标。该系统既可用于训练场，也可用于体育场，从而可以在训练和比赛时使用相同的系统对球员的活动进行分析。

图1–3显示，在挪威顶级联赛的一场比赛中使用ZXY系统所获得的一名球员的数据。跑动总距离为13750米。图1–3显示了加速和减速的次数，以及变向的次数。因此，ZXY提供了额外的信息，使得比赛中对个人要求的研究更加详细。

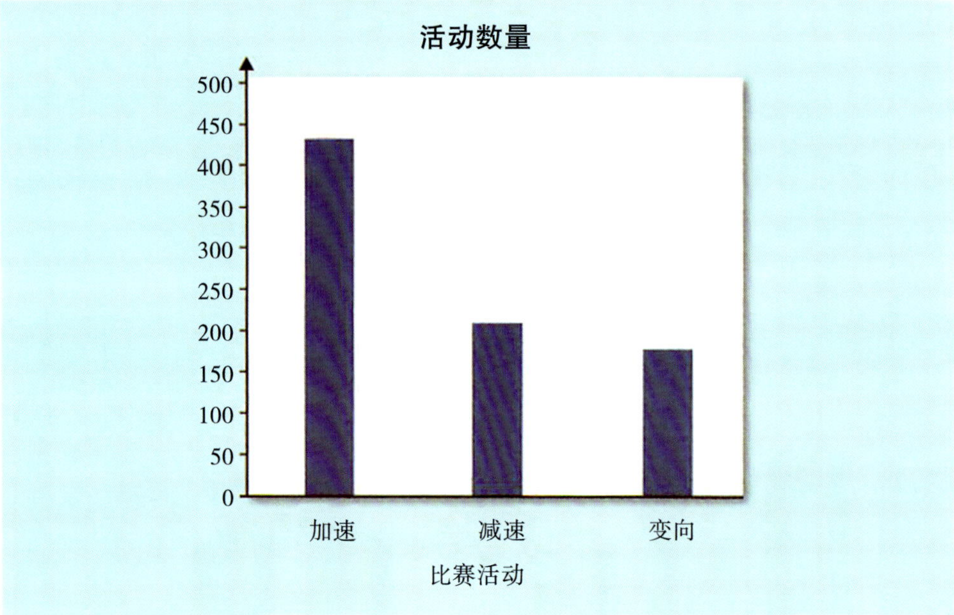

图1–3

采用ZXY系统收集的一名中前卫的数据。图中显示了加速、减速和变向的次数。

足球训练负荷

在足球和其他团队的运动中，评价训练时的负荷对于主教练和体能教练是至关重要的。几十年来，心率一直被用作评估心血管系统的手段之一，而最近GPS和ZXY系统也成为评估训练期球员表现的工具。高速奔跑的距离以及像冲刺速度、冲刺和加速的次数等因素，可以提供有关无氧工作信息。加速度计测量的数据（冲击、变向特征和身体负荷）可以用来确定肌肉和关节的负荷。表1–3显示不同训练负荷指标及不同训练类别的相关性。

表1–3　不同训练负荷参数

有氧训练负荷	用最大心率百分比表示心率
	高心率区间所占时间
无氧训练负荷	高速跑的距离
	冲刺距离
	冲刺速度
	冲刺的次数
	不同强度下加速的次数
肌肉关节负荷	冲击
	身体负荷
	减速的次数
	变向的频率

这些结合技术分析的训练类型分析，揭示了在球队中球员巨大的个体差异。欧洲顶级球队大多数通过（2v2 ~ 8v8）小场地比赛，评估体能训练负荷和技术能力。表1–4为两名英超联赛顶级球员的例子，他们对4v4的小型比赛有不同的反应，这种4v4比赛的目的是提高球员的体能水平。在练习时，每次训练3分钟，之后休息1分钟。很明显，球员1在训练中比球员2的训练负荷更大。两名球员在比赛和体能测试结果中有着相近的工作负荷，这表明球员2在练习中没有达到最佳负荷。

表1–4　2名顶级球员在4v4小场地比赛中的跑动距离和加速次数

	球员1	球员2
跑动总距离（米）	1707	1232
高速奔跑距离（米）	417	179
冲刺奔跑距离（米）	120	44
最大加速度奔跑的次数	13	2

对于一些球员在小场地比赛中，比赛负荷与训练负荷不对应的情况是常见的。如果出现这种情况，教练员可能会和那些做得不够的球员交谈，让他们意识到在训练和比赛中付出最大努力的重要性。

足球中体能因素的重要性

比赛分析显示，在不同的比赛标准下，参赛者之间的总距离只有很小的差距。然而，在高强度的运动类别中却有很大的差异。例如，意甲顶级球员在一场比赛中与北欧地区斯堪的纳维亚（Scandinavian）的精英球员相比，高出30%的高速奔跑和60%的冲刺跑。美国顶级联赛的顶级女选手与来自北欧地区联赛的优秀球员相比，也有类似的差异（图1-4）。因此，反复进行高强度运动的能力似乎成了高水平足球运动的基础。

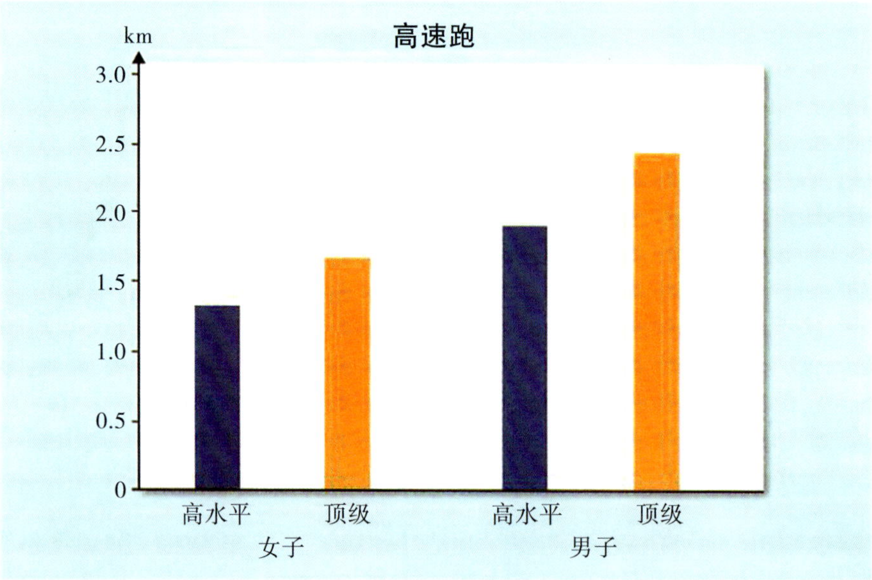

图1-4

男、女不同性别的高水平（黄柱）和顶级（蓝柱）球员在足球比赛中的高速跑数据。值得注意的是，无论男性还是女性的顶级球员都比高水平球员进行了更多的高速跑。

科学研究表明，所有球员的运动强度在整个比赛过程中都会有显著的波动，这取决于比赛的进程、球员离球的距离以及疲劳程度。球员的活动也受对手战术和比赛风格的影响。图1-5显示，一名顶级英格兰边前卫在一场比赛中每间歇5分钟的高速跑和冲刺跑的数据。

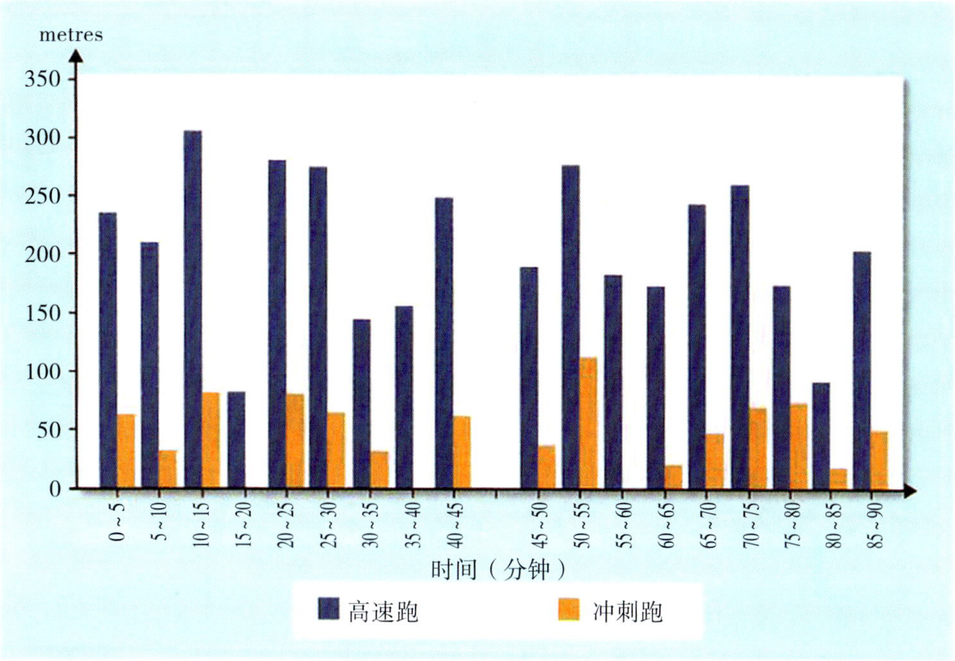

图1–5

顶级球员在一场比赛中每间歇5分钟的高速跑（蓝柱）和冲刺跑（黄柱）的数据。注意，在比赛中奔跑效率有明显的变化。

个人体能要求

在足球比赛中球员的活动特征有着显著的差异，如图1–6所示，意甲男性球员和美国国家队女球员的全场高速奔跑的数据。

例如，在比赛的前15分钟，一些男球员高速跑了约700米，而其他的球员只跑了200米。尽管所有球员都是高水平的，但这些差异显而易见。

在对英国顶级球员的研究中，明显看到，在同一支队伍的球员之间，比赛中冲刺的特点，如次数、长度、时间和速度等差异很大。图1–7显示2名顶级球员不同的冲刺状况的例子。球员1作为一名边前卫，在比赛中有47次冲刺，其中17次是在20～45米的距离，还有12次是以最高每小时超过30公里的速度冲刺。相比之下，球员2是一名在中场主要承担防守任务的球员，在比赛中只有11次冲刺。他最长冲刺距离只有16米，而且速度为每小时不到30公里。

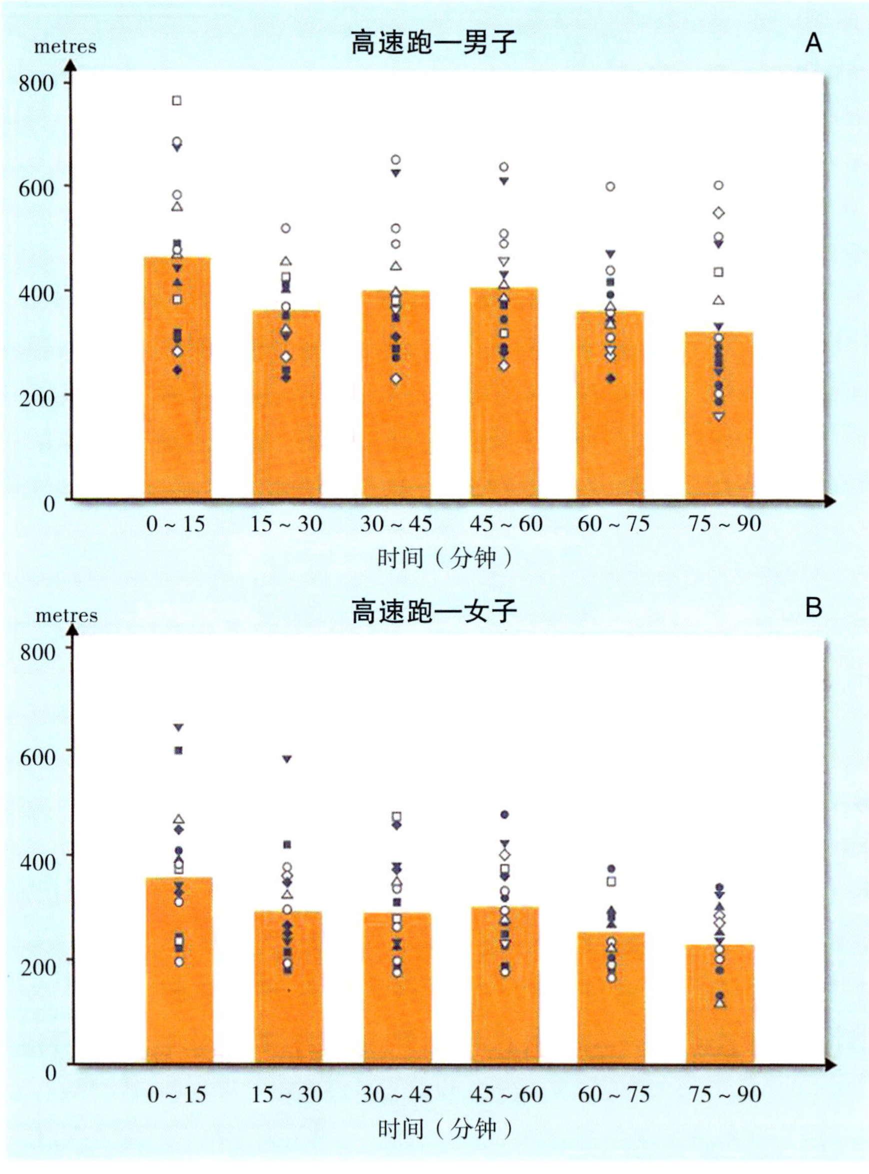

图1-6

顶级男球员（A）和女球员（B）在比赛中每15分钟的高速跑动数据。每名球员都用不同符号表示。很明显，球员在整个比赛过程中有着截然不同的运动表现。

球队中每名球员的加速和减速的次数以及加速的性质都有不同。在对希腊职业球员的研究中发现，加速的次数为126～343次，而减速次数为81～326次。

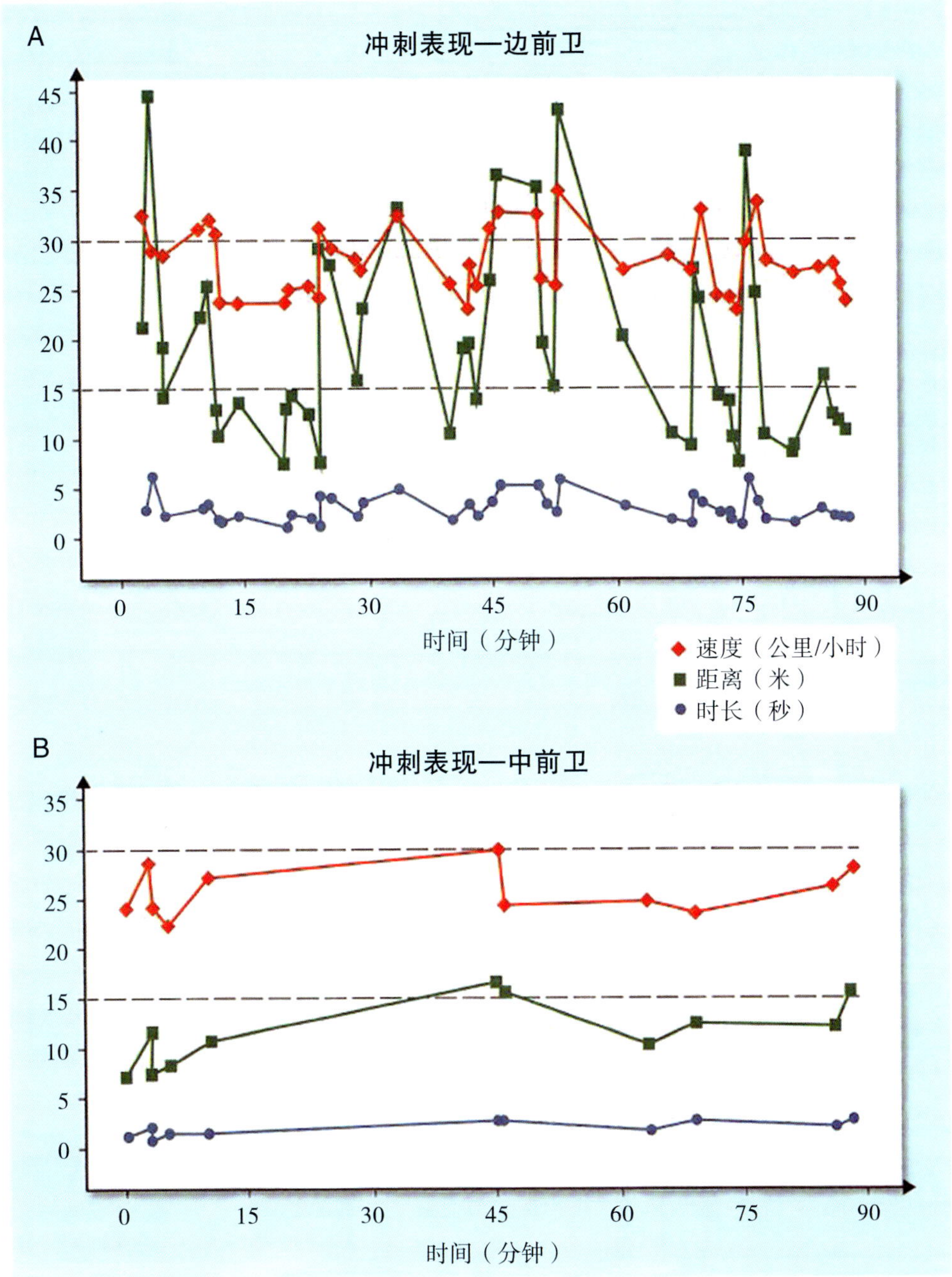

图1-7

2名顶级球员的冲刺特征［球员1（A）和球员2（B）］。图中显示在比赛中所有冲刺的峰值速度、距离和时间。需要注意的是这两名球员的冲刺特性有很大的不同。

表1–5为其中5名球员的例子，他们的数据显示非常不同。例如，加速和减速的次数分别是126～343次和81～326次。表1–6为8名球员（非守门员）在全场比赛中慢速（1～2米/秒^2），中速（2～3米/秒^2）和快速（超过3米/秒^2）加速和减速的次数。例如，球员2加速和减速次数明显比球员3多。此外，有些球员比其他球员进行了更多的快加速和更少的慢加速。

表1–5 比赛中顶级球员的加速次数和减速次数

	加速次数	减速次数
球员1	126	81
球员2	159	105
球员3	243	157
球员4	301	219
球员5	343	326

表1–6 比赛中顶级球员的加速（A）和减速（B）次数

A	低速（1～2米/秒^2）	中速（2～3米/秒^2）	高速（>3米/秒^2）	总加速（>1米/秒^2）
球员1	211	69	17	297
球员2	234	65	12	311
球员3	91	30	5	126
球员4	189	44	7	240
球员5	183	44	11	238
球员6	187	54	12	253
球员7	229	56	10	295
球员8	154	38	13	205

B	低速（1～2米/秒^2）	中速（2～3米/秒^2）	高速（>3米/秒^2）	总加速（>1米/秒^2）
球员1	178	48	36	262
球员2	204	55	29	288
球员3	49	14	18	81
球员4	168	60	15	243
球员5	151	44	29	224
球员6	163	51	21	235
球员7	234	58	24	316
球员8	155	47	24	226

此外，冲击的次数和身体的总负荷都存在差异。可以用加速度计来测量冲击中的重力（克），这也是GPS和ZXY的测量单位。因此，冲击力可分为轻（5～6克），轻～中度（6～6.5克），中度（6.5～7克），重（7～8克），很重（8～10克）和极重（>10克）。图1–8显示同一场比赛中不同位置上的8名球员总的冲击力，在整场比赛过程中球员冲击范围为500～1600以上。注意2名中卫球员和边卫有着不同量的冲击，展示了个人踢球风格对身体的要求的影响。

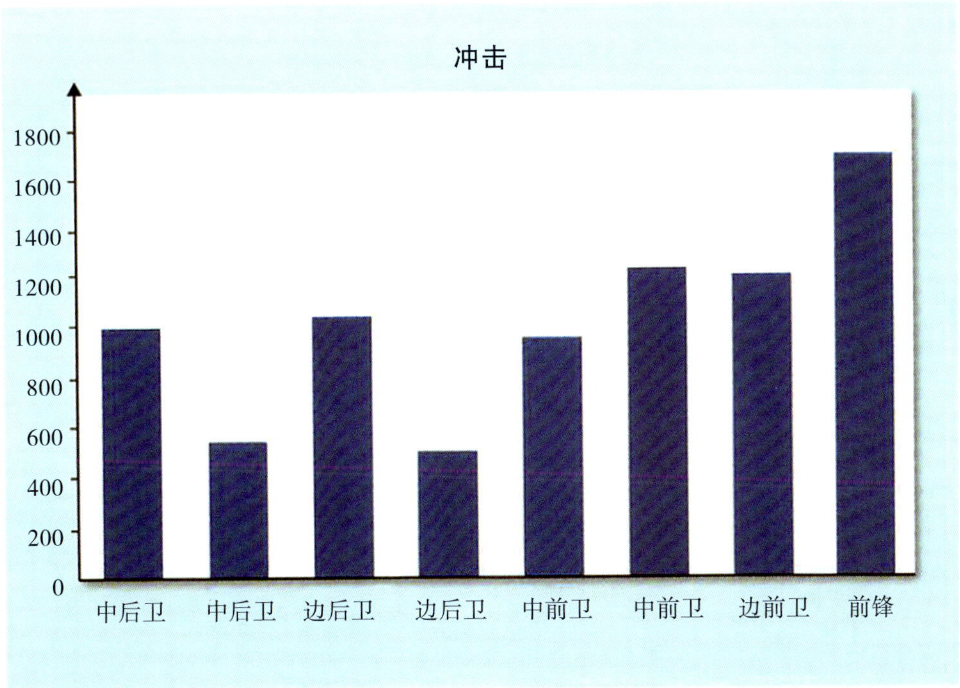

图1–8

比赛中顶级球员与位置有关的冲击力表现。注意，即使同一位置上的球员也表现出巨大差异。

场上位置对体能的要求

球员的活动能力和要求取决于众多因素，如所踢位置、体能、战术角色、比赛风格、技术素质和投入程度。在比赛中，中后卫的平均跑动距离要比后卫、边前卫、中前卫和前锋少，而中前卫通常跑动的距离最长（图1–9）。

然而，同一位置上的球员之间也有着显著差异。例如，一些中卫比一些后卫和中前卫进行了更多的高速跑动。

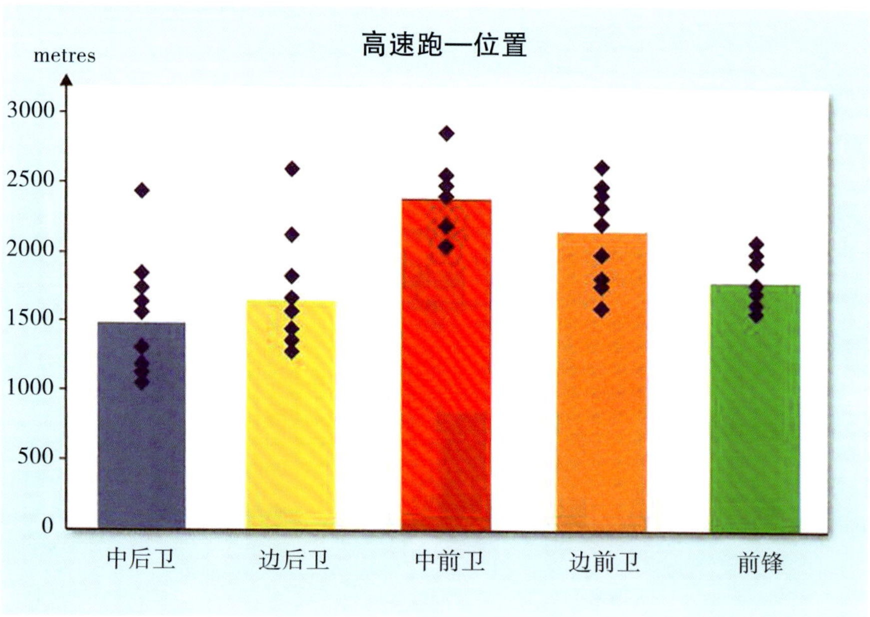

图1–9

比赛中不同位置的球员高速跑动所覆盖的距离。每名球员都用一种符号来表示。注意，中前卫和边前卫比其他位置的球员参与更多的高速跑动，而中后卫比其他位置的球员的高速跑动少，但是所有位置上的球员都有很大的变化，这说明除了位置因素，其他因素也决定着对球员的要求。

图1-10显示各个位置的球员在比赛中冲刺的距离。边前卫和前锋比中后卫进行了更多的冲刺跑，但与高速跑动所观察到的相反，中后卫冲刺距离与边后卫和中前卫球员相同。而且，尽管中前卫参与了更多的高速跑动，但前锋冲刺比中前卫要多。这种差异显示了评估每名球员身体需求的重要性。

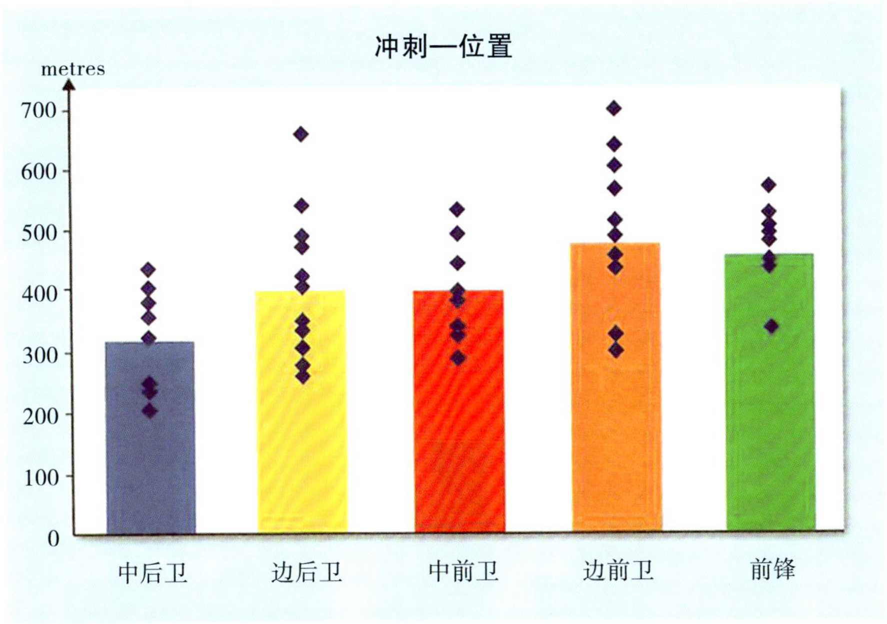

图1-10

不同位置的球员在比赛中冲刺的距离。每名球员都用一种符号来表示。注意每个位置上的巨大差异，虽然与高速跑动的情况正好相反，但是前锋参与的冲刺要比中前卫多。

在美国女足国家队的一项研究中显示，2名中卫在同一场比赛中高速跑动的距离分别约为1500米和2200米，这可能与不同的战术角色和个人球风有关。跑动多的球员更频繁地参与了进攻，并且比另外一名球员的表现要更好。她在对方的罚球区里进行了几次猛烈的进攻，而且在球队失去控球权的情况下，也积极参与了大量的高速回防。

比赛中冲刺的类型也有不同。在一项对英超球员的研究中，分析了场上不同位置的行进间冲刺和爆发冲刺。爆发冲刺是指在不到0.5秒的时间内（从低速或中速）快速到达高速区。行进间冲刺的特点是从低或中等速度逐渐加速到高速区。这表明，中卫和中前卫的行进间冲刺与其他位置相比要少（图1-11）。

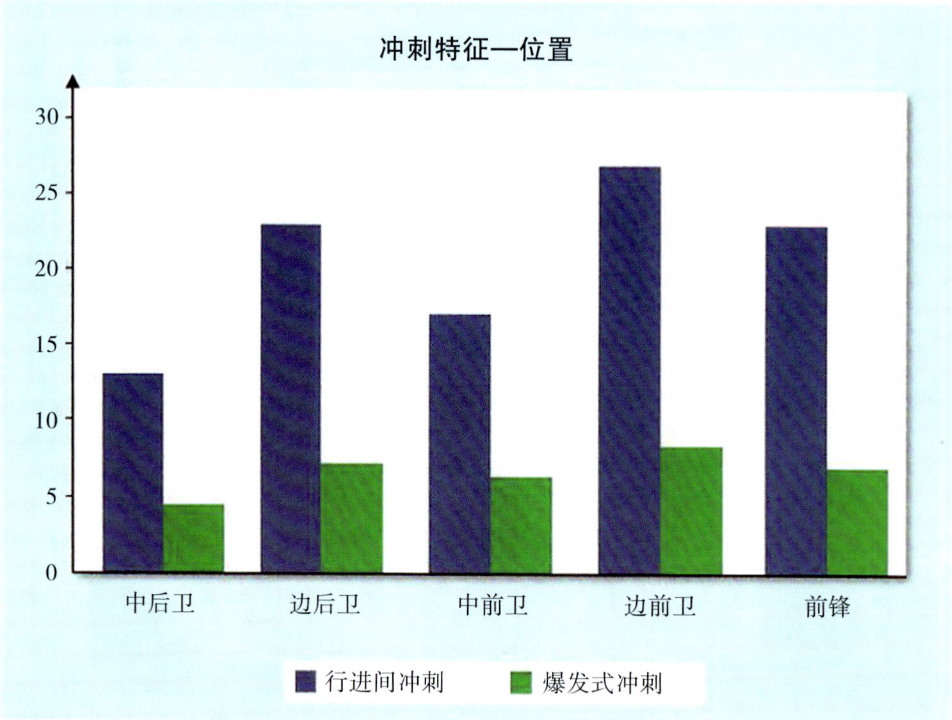

图1-11

英超联赛中，不同位置的球员在比赛中所进行的行进间冲刺和爆发冲刺的次数。注意，中卫和中前卫的行进间冲刺与其他位置相比要少。

在不同的位置上的球员也有很大的差异。图1-12显示3名前锋参与了不同数量的行进间冲刺和爆发冲刺。例如，前锋1和前锋2进行了大约相同的冲刺，但前锋1主要是参与行进间冲刺，而前锋2参与的行进间冲刺和爆发冲刺是一样多的。前锋3参与了数量很少的冲刺，他参与的爆发冲刺与前锋1一样，但是其参与的行进间冲刺更少。

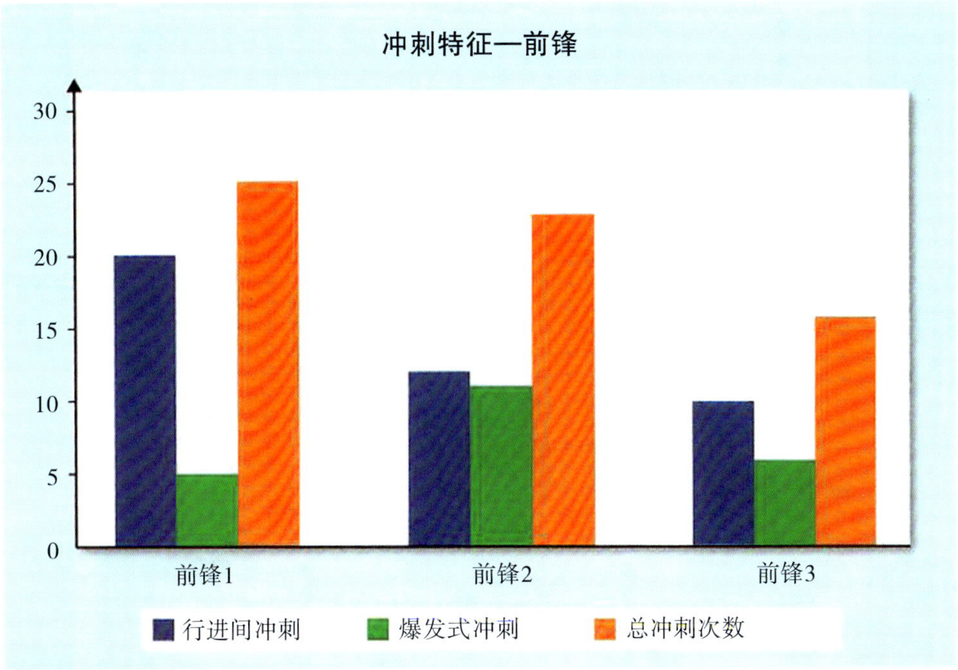

图1-12

冲刺的次数，以及英超联赛中3名前锋的行进间冲刺和爆发冲刺次数。

球员的体能对其比赛中的表现具有很大的影响，而且在顶级球员中也存在显著的差异。这种差异已经通过Yo-Yo间歇性恢复水平1（Yo-Yo IR1）和水平2（Yo-Yo IR2）测试进行了评估，如图1-13所示。很明显，就平均值而言，中后卫Yo-Yo间歇性恢复水平1测试的分数要比其他位置上球员低。

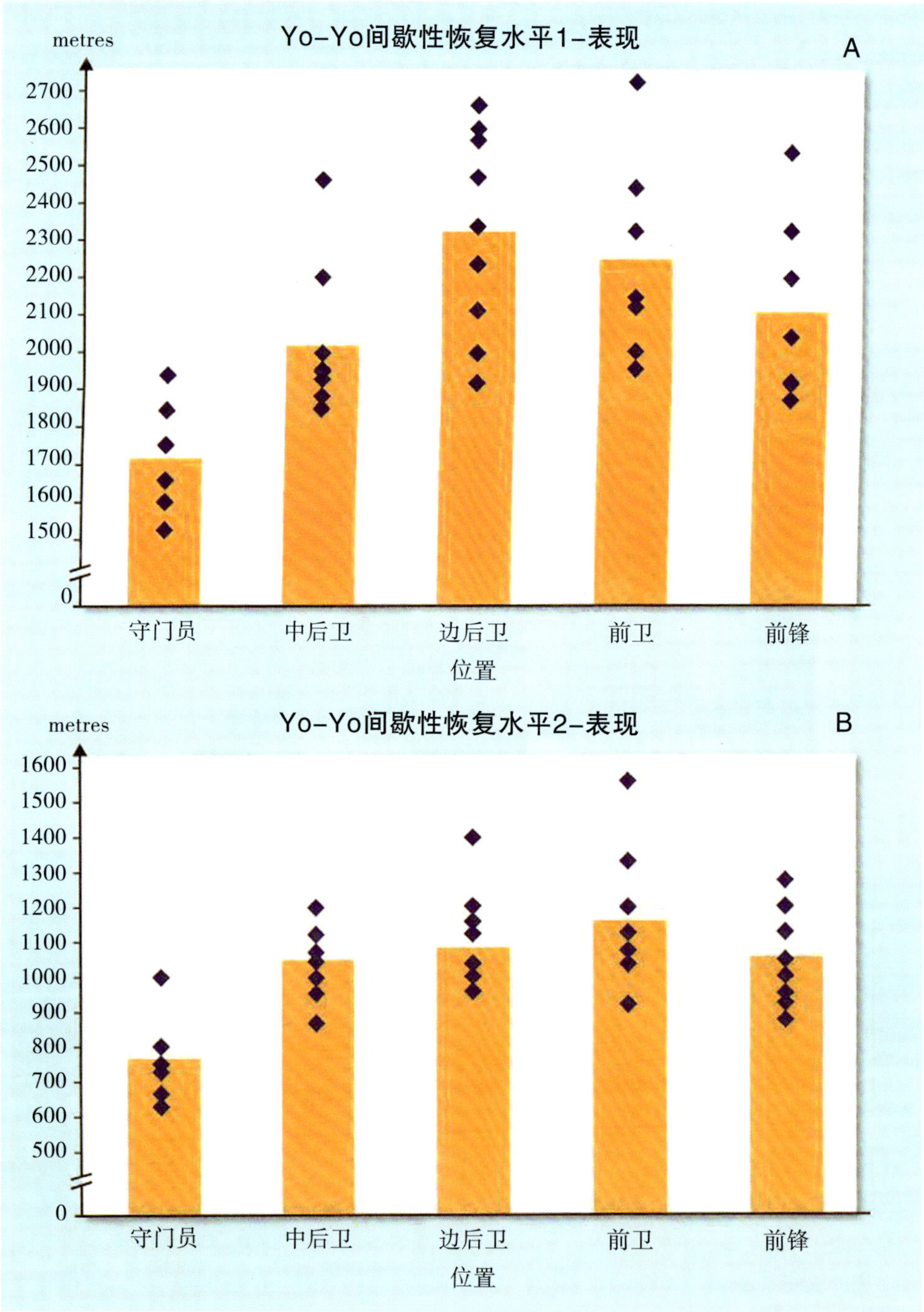

图1-13

场上各位置球员的Yo-Yo间歇性恢复水平1（Yo-Yo IR1，A）和水平2（Yo-Yo IR2，B）测试成绩。每名球员都用一个符号来表示。注意每个位置的球员Yo-Yo测试的表现都有很大的差别。

战术对体能要求的影响

战术对球员的体能需求同样有着重要的影响。例如，在同一场比赛中对3名中前卫的活动监控显示，尽管他们场上位置相同，但是球员之间的运动强度的发展是不同的（图1–14）。球员1是3名球员中最具攻击性的，他在上半场的前15分钟跑动积极，但由于疲劳导致其在后15分钟的运动强度大大降低。而在这段时间里，球员2似乎接管了比赛，而在上半场的最后15分钟里，2名球员的表现都显得比较紧张。相反，3人中最具防守性的球员3，在整个上半场有着稳定的高强度工作效率。在下半场，球员2在比赛快结束时变得疲劳，而球员1和球员3似乎通过增加自己的运动强度来弥补球员2运动强度的下降。这个例子说明，比赛中不同战术角色的球员是如何消耗体力的，其中有些球员在强度上有明显的波动，而其他球员则在整个比赛中具有更稳定的工作效率。

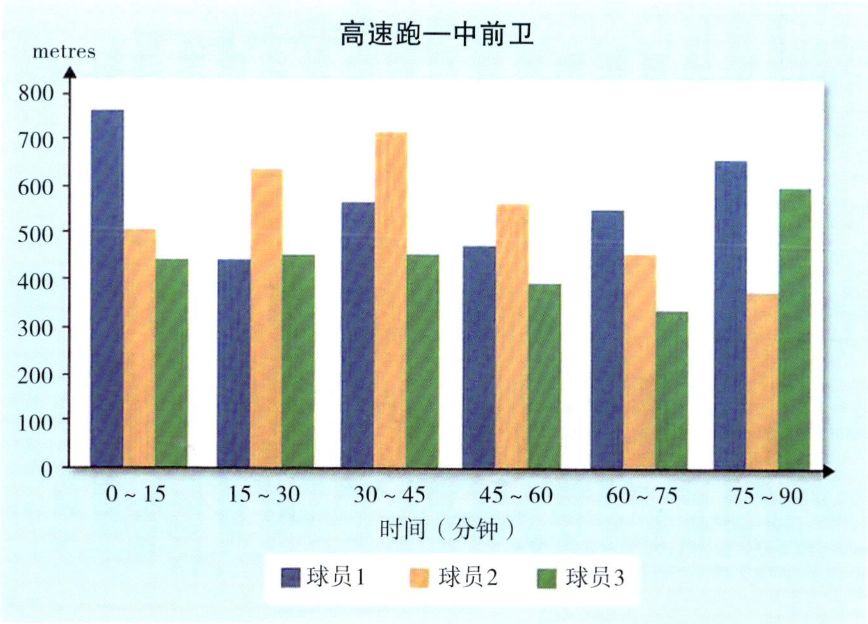

图1–14

同一支球队的3名中前卫在比赛中高速奔跑的距离。注意球员在比赛中高强度跑动的不同变化。

战术对球员体能需求的影响也可以用另一个例子来说明。一名来自意甲联赛的男球员，参加两场不同战术体系的比赛，一场为3-5-2阵型，另一场为4-4-2阵型。在这两场比赛中，他都是右路的边前卫。比赛分析显示，在两场比赛中，球员高速跑动的总距离是相同的，但比赛中的表现过程却是不同的（图1-15）。

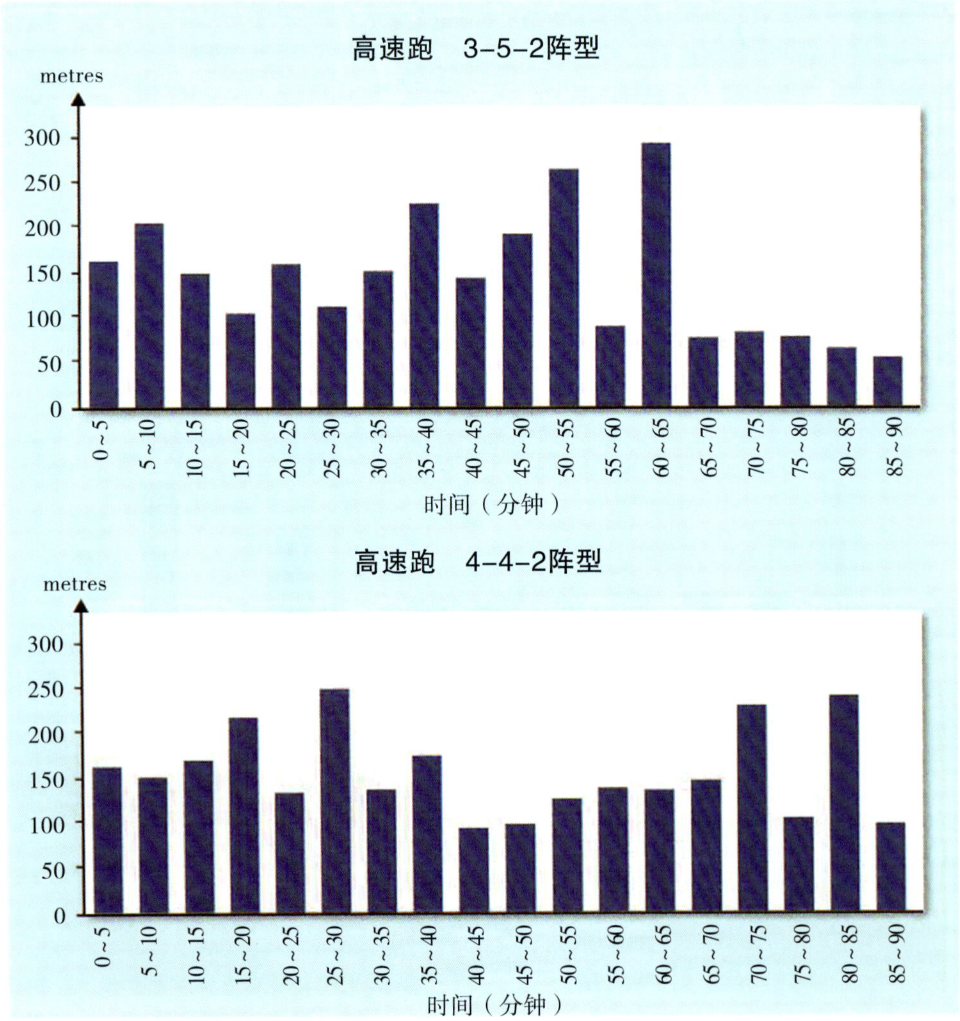

图1-15

同一名球员在两个不同阵型中的高速奔跑，即3-5-2（A）和4-4-2（B）。数据间歇为5分钟。注意，球员在4-4-2阵型中有着更稳定的工作效率，相比3-5-2阵型中的比赛，最后时间段表现出的疲劳较少。

在4–4–2阵型的比赛中，球员整场比赛的高强度跑动发挥出相当恒定的水平，没有明显的疲劳。相反，在3–5–2阵型的比赛中，我们观察到球员的高强度跑动有很大的波动，在比赛的最后25分钟，球员很少进行高速奔跑，显示出明显疲劳的迹象。原因可能是球员在3–5–2阵型中比4–4–2阵型进行了更多回防任务，因为4–4–2阵型中后卫覆盖了他身后的空间。

最近对英格兰足球超级联赛比赛中高强度跑动和技术表现进行了一项科学研究考察。比赛阵型是4–4–2和4–5–1。相比4–4–2和4–3–3阵型，球队在4–5–1阵型控球时，球员较少进行高速奔跑，但很多的时候球队是没有控球的。此外，4–3–3阵型中的前锋比4–4–2和4–5–1阵型中的前锋多进行了30%的高速跑。相比4–3–3和4–5–1阵型，4–4–2的传球成功率是最高的。因此，阵型对球员的体能和技术需求是有影响的。

另一个例子也可以说明战术对体能要求的重要性。图1–16显示，一名英超球员参加两场比赛的冲刺特点，一场是边前卫，另一场是中场核心球员。相比中场核心的位置，其在边前卫的位置进行了更多和更长距离的冲刺，同时达到了更高的冲刺速度。

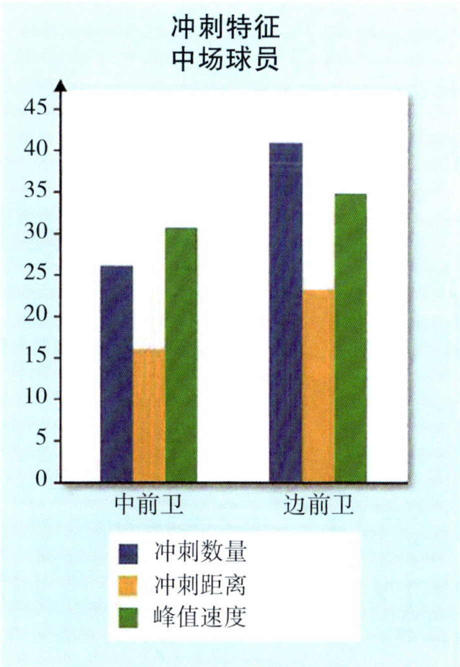

图1–16

在一场英格兰超级联赛中，球员分别作为中前卫（左）和边前卫参赛时，图中显示了其冲刺次数（蓝色）、平均冲刺长度（黄色）和峰值冲刺速度（绿色）等冲刺特征。值得注意的是，其作为边前卫时有着更多和更长距离的峰值速度冲刺。

总结

为了安排个人训练，教练员需要了解每名球员的体能、战术和技术要求。这样的分析既可以通过先进的系统进行，也可以采用更简单的方法进行（参见第2章）。很明显，即使是在同一位置的球员，他的比赛情况和体能要求也有着很大的差异，这在计划和组织训练时都应该考虑到。

在小场地比赛中，除了体能层面外，可同时进行战术层面的训练。

2. 球员分析

我们可以利用第1章介绍的先进设备对球员进行分析，而对于那些无条件使用这种设备的人，他们也可以采用简单的方法进行有效的分析，如基于对球员的观察和测试进行的分析。本章重点便是提供有关如何分析球员的技术能力和体能的信息。

下面两个表是用来分析球员能力的表格。表2-1为球员的真实信息。对于年轻球员来说，其父母身高的信息也是有用的，因为孩子很少会比母亲和父亲的平均身高高出10厘米以上。例如，一名球员达到180厘米的最高身高，并且是中后卫，那这名球员可能在其他位置上的表现会更好，否则他必须着重发展肌肉力量和弹跳能力。然而应强调的是，把一名年龄小于14岁的球员固定在

表2-1 球员简介

年龄（岁）	
身高（厘米）	
体重（公斤）	
球龄	
现球队	
场上位置（过去和现在）	
曾效力的球队	
每周训练的次数（全年的各个时期）	
准备期	
赛季中	
年轻球员	
父亲的身高（厘米）	
母亲的身高（厘米）	
年增长高度（厘米）	

一个位置是不合适的。大多数情况下，如果他们在比赛和训练中尝试不同的位置，面对不同的挑战会进一步提高。

在对球员进行详细观察之前，对其特征作一描述是非常有用的。为此可以应用表2-2。这些主观评价可以用来反映观察结果，因为观察者将会特别注意其表现出的优点和缺点。例如，一个人可能有这样一种印象，一名球员擅于头顶球，但事实上，不会头顶球侧摆给队友，因而失去了大部分对高空球的控制。同时，我们也可以在比赛和训练中评价球员的个性特征。例如，球员在失去球权后是否立刻反抢？在队友失去了一个很好的进球得分机会时，是否依然支持和信任队友？

表2-2　球员特点

总体印象	
优势（球员擅长什么）	
劣势（球员不擅长什么）	
个性（简要概述如何发现这名球员）	

技术能力评估

为了评估球员的技术能力，应该注意观察球员在比赛和训练中的表现。表2-3用来收集信息。对于球员所有表现的特点，可分为1～5个等级，其中1为很弱，2为弱，3为中等，4为强和5非常强。这不包括更复杂的技术动作，如倒勾球和鱼跃头顶球，但如果对球员定期进行评价，则可以添加这些技术动作。如果可能，收集大约10分钟的比赛录像也是有用的，包括各种结合球的防守和进攻动作，如停球、踢球、运球、射门、铲球和头顶球。除了观察比赛和训练外，采用各种测试也能提供更多有价值的信息。通常在比赛和训练中，球员会避免他不擅长的动作，例如左脚传球或运球去突破对手。这样，教练员不容易在比赛和训练中观察到球员的弱点。为了提供进一步的信息，我们在下面介绍了一些评估球员技术能力的简单测试。

表2–3　技术能力的评估

姓名：				日期：
			记分	评估
踢球	脚内侧	左		
		右		
	脚背内侧	左		
		右		
	脚背外侧	左		
		右		
	长传	左		
		右		
	凌空抽射	左		
		右		
	射门	左		
		右		
控球	接球前			
	脚停球	左		
		右		
	大腿停球	左		
		右		
	胸停球	左		
		右		
	接到球后			
运球	低速	左		
		右		
	高速	左		
		右		
	面对对手	左		
		右		
假动作	侧向	左		
		右		
	次数			
	不同假动作的次数			

程度1～5：

1为很弱；2为弱；3为中等；4为强；5为很强

评估球员技术能力的测试

在本节中，我们将提供一些简单的测试方法，以此评估球员技术能力。

踢球

在20～40米的区域内放置两排标志桶，每排3个，每个标志桶之间相距2米，如图2-1所示（距离越远，球员的能力就越高）。球员距标志桶约10米处开始向中间的标志桶运球。当到达标志桶后，球员向一侧运球并传球给接球人，接球人在另一侧的标志桶之间自由选位。如果接球人接到球，则踢球成功。球员要分别用左右脚和各种类型的脚法踢球，如脚内侧推传，脚背踢球，脚外侧踢球，踢高空球（击球距离和两桶之间的距离可以延长）。球员传球前的高速运球，也可以作为球员的评估。如评估射门能力，可以将一排标志桶换成球门。球员距离球门约20米。理论上守门员应该参与其中。

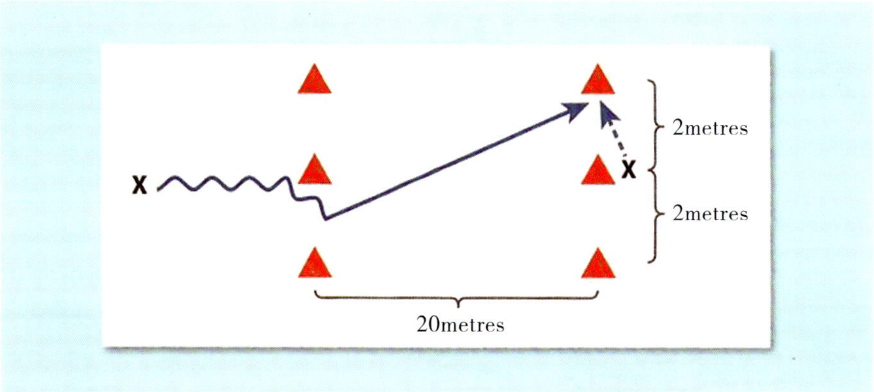

图2-1

踢球能力的评估。

停球

在2米×2米的正方形区域内（图2-2），球员控球最多允许两次触球。教练员向球员手抛或脚踢各种低平球和高空球，测试球员左腿和右腿，以及大腿和胸部停球的能力。可以通过接球改变方向提高测试难度。例如，在每侧大约2米处放置一个标志桶，然后让球员在接球后转身90° 并击中近处的标志桶，进行测评。

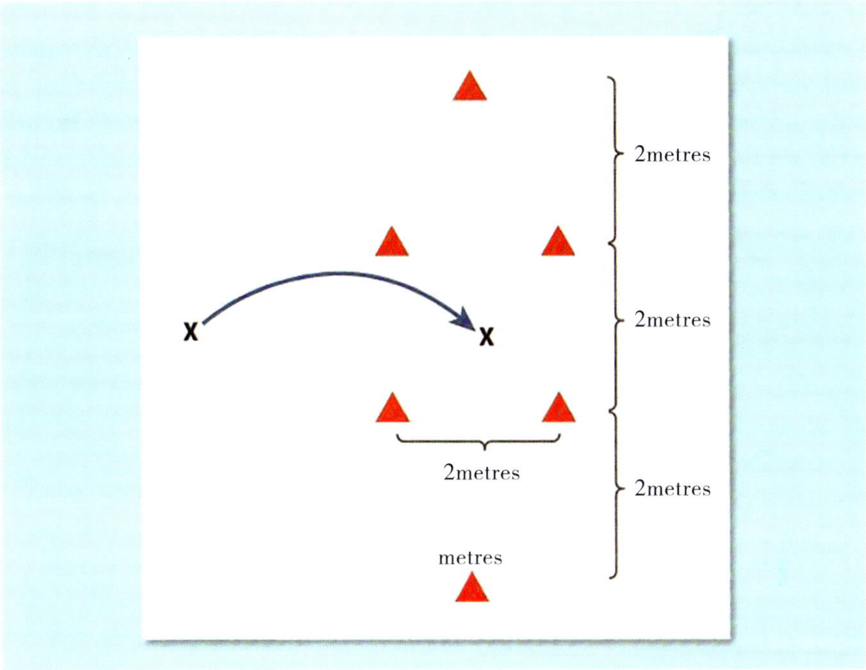

图2-2

停球和控球能力的评估。

运球

如图2-3所示，球员用左腿和右腿尽可能快地运球。

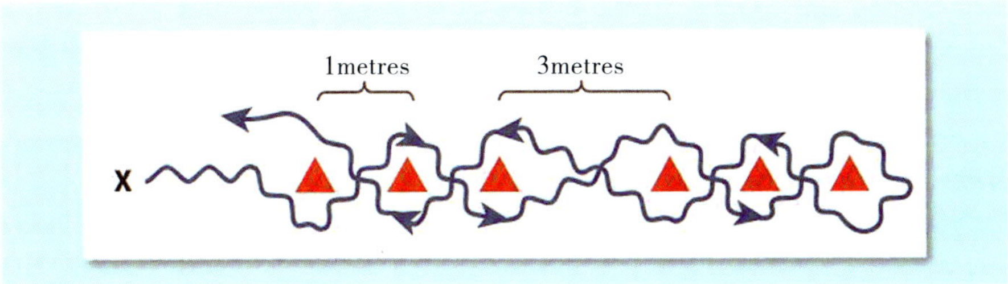

图2-3

带球能力的评估。

头顶球

抛球给站立或跳起的球员，测评头顶球和侧面头顶球。除此之外，也可以测试球员接传中球后的进攻或防守头顶球能力。

假动作

在一个15米宽、20米长的场地，画出一个5米区域（虚线，图2-4），创造1对1的机会。球员必须使用各种假动作突破对手到达终点，对手不能越过虚线。这个测试，也可以同时评估球员的防守技术能力。

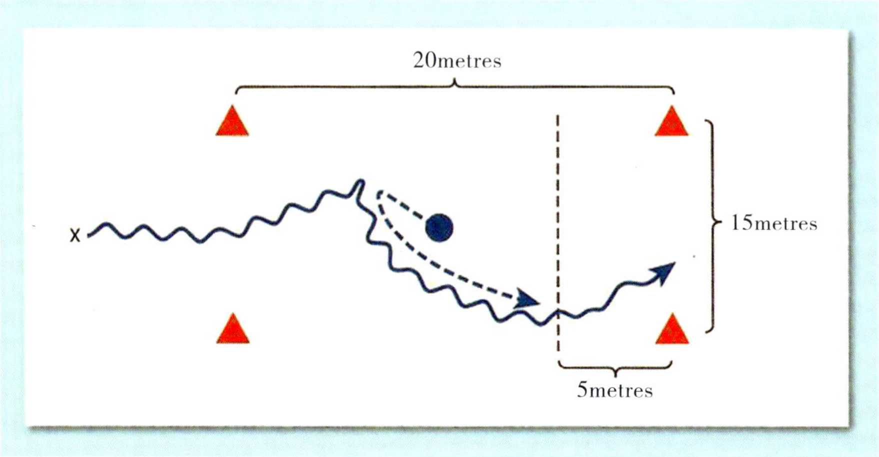

图2-4

假动作和防守能力的评估。

体能评估

通过表2-4的观测值对球员的体能进行评估。分析应集中在球员的加速能力、快速跑能力和身体对抗及头顶球争点能力，以及球员在比赛中高强度活动后的行为，即球员多久可以快速恢复，在比赛后半程球员的反应，是否疲劳。为了得到一个更详细的体能分析结果，可以进行各种测试。如采用Yo-Yo间歇性恢复水平1或水平2测试评估球员反复高强度间歇运动的能力；用Yo-Yo间歇性耐力1级或2级测试评估球员耐力水平；用原地纵跳测试评估球员弹跳力；用直线速度测试评估球员加速和高速的能力；用箭头灵敏性测试评估球员高速情况下的协调性；以及用创造性速度测试评估球员高速情况下的控球能力。下文中，我们会简要介绍各种测试。关于如何进行测试和评估测试结果的更详细的信息，可以从《足球体能训练》一书中获得。根据《足球体能测试》一书中所提供的同一性别年龄组的参考值、足球竞赛水平和位置能力，可以确定需要什么样的训练。在每个测试的描述中，还提供了特定方面改善所需的训练信息。第3章简要描述了各种类型的体能训练，这在《足球有氧与无氧训练》和《足球力量训练》的书中有详细的介绍。

表2-4　身体能力

姓名：		日期：
	记分	评估
加速能力		
速度能力		
变向能力		
弹跳能力		
一对一对抗能力		
头顶球争点能力		
协调能力		
高强度运动能力		
耐力		

等级 1～5：

1为很弱；2为弱；3为中等；4为强；5为很强

评估球员体能的测试

Yo-Yo间歇性恢复测试

目的：评估球员在类似足球比赛活动过程中，反复高强度运动后的恢复能力。

器材：测试和测试信号的描述提供在光盘上（参见www.bangsbosport.com）。

场地：2个标志相距20米，第三个标志桶放在“起点”标志后5米处。

说明：Yo-Yo间歇性恢复测试包括2×20米间歇式跑动，每次跑动后有10秒的休息时间，根据球员的能力测试的时间在5～15分钟。Yo-Yo测试包CD-

ROM提供关于如何实施测试的信息，并使用信号来控制速度。简单来说，球员向前跑20米，准确地在信号发出时到达20米的折返点。在20米的折返点转身，在下一个信号发出时到达起点。球员有10秒的休息时间，在5米后面围绕第三个标志慢跑。之后听到信号再次重复该过程，直到球员两次没有按时完成折返跑。第一次没有到达起点时，给出警告（“黄牌”），第二次，测试终止（“红牌”）。记录球员在淘汰前完成的最后一次跑为最终成绩，测试结果表示为测试中所跑动的总距离。

Yo-Yo间歇性恢复测试有两个级别。第一级适合青少年、业余或中等训练水平的球员，第二级则适合训练有素和优秀的球员。与水平1测试相比，水平2测试开始的速度更快，且在测试中的速度要求更高。

提高表现的训练：有氧高强度训练和速度耐力训练。

Yo-Yo间歇性耐力测试

目的：评估球员在长时间内反复间歇跑的能力。

器材：测试和测试信号的描述提供在光盘上（参见www.bangsbosport.com）。

场地：2个标志相距20米，第三个标志桶放在“起点”标志后2.5米处。

说明：Yo-Yo间歇性耐力测试持续5～20分钟，测试由5～20秒的跑动，以及每次跑动之间有5秒的休息组成。根据Yo-Yo测试包CD-ROM提供的关于如何实施测试的信息，并运用信号来控制速度。简单来说，球员向前跑20米，准确地在信号发出时到达20米的折返点。在20米的折返点转身并出发，在下一个信号发出前到达起点。然后，球员有5秒的休息时间，可在2.55米后面的第三个标志附近慢跑。之后，球员听到信号再次重复该过程，直到球员两次没有按时完成折返跑。第一次没有到达起点线时，给出警告（“黄牌”），第二次，测试终止（“红牌”）。记录球员第二次未能按时完成折返时的距离，测试结果表示为测试中球员跑动的总距离。

Yo-Yo间歇性耐力测试有两个级别。第一级适合青少年、业余和适度训练的球员，第二级则适合训练有素或优秀的球员。两个测试的区别在于，水平2测试开始的速度更快，在整个测试过程中保持着比水平1测试更高的速度。

提高表现的训练：有氧中强度和有氧高强度训练。

原地下蹲纵跳测试

目的：评估球员的爆发力。

器材：电子跳跃垫及笔。

说明：将电子跳跃垫放置在坚硬的地面上。球员从直立位置开始，在测试过程中双手一直放在腰间，下蹲到自己觉得舒服的角度后尽力向上跳起。测量滞空时间和计算腾空高度。球员进行3次至少相隔30秒的原地下蹲纵跳，确保球员完全恢复，记录最高的跳跃成绩为测试结果。

提高表现的训练：力量训练。

直线速度测试

目的：评估球员的最大速度和反复冲刺能力。

器材：电子计时设备，如光电门或秒表。

场地：30米跑道，在起点处每隔10米以及终点后面5米处分别放置标志物。

说明：球员以一只脚站在起跑线上，另一只脚站在线后的姿势开始，听到倒计时口令之后，球员冲刺30米。10米、20米和30米的冲刺测试均采用电子计时。如果使用秒表，10米、20米和30米冲刺时间必须单独计时。为了测试反复冲刺能力，30米冲刺可以重复5次，每次间歇25秒的完全恢复时间。第一次冲刺后，球员有22秒的时间慢跑回到起点。然后重新倒计时开始，测试5次冲刺的时间。测试结果记录最快冲刺的时间和所有冲刺的总时间，以体现球员反复冲刺的能力。此外，可以用第五次冲刺的时间和最快冲刺时间之间的百分比差异计算出疲劳指数，它提供了关于维持冲刺表现能力的信息。

提高表现的训练：速度训练和力量训练。

箭头灵敏性测试

目的：评估球员的速度、爆发力、身体控制和在一系列角度及方向上的变向能力。

器材：电子计时设备，如光电门或秒表。

说明：将标志物放置在箭头形状的3个转弯处，另外一组标志物放置在起点和终点线上（图2-5，测试线路）。球员以一脚在线上，另一脚在线后的起跑冲刺姿势站在起跑线上。听到倒计时口令后，球员从起点尽可能快地跑到第一个标志处（A），然后转向穿过另侧标志（C），再穿过远标志（B）并回到起点/终点线（图2-5）。球员完成两条路径，一条向左转弯，一条向右转弯，间歇至少3分钟的恢复时间。测试结果是完成左、右变向测试的总时间。

箭头灵敏性测试的跑动线路

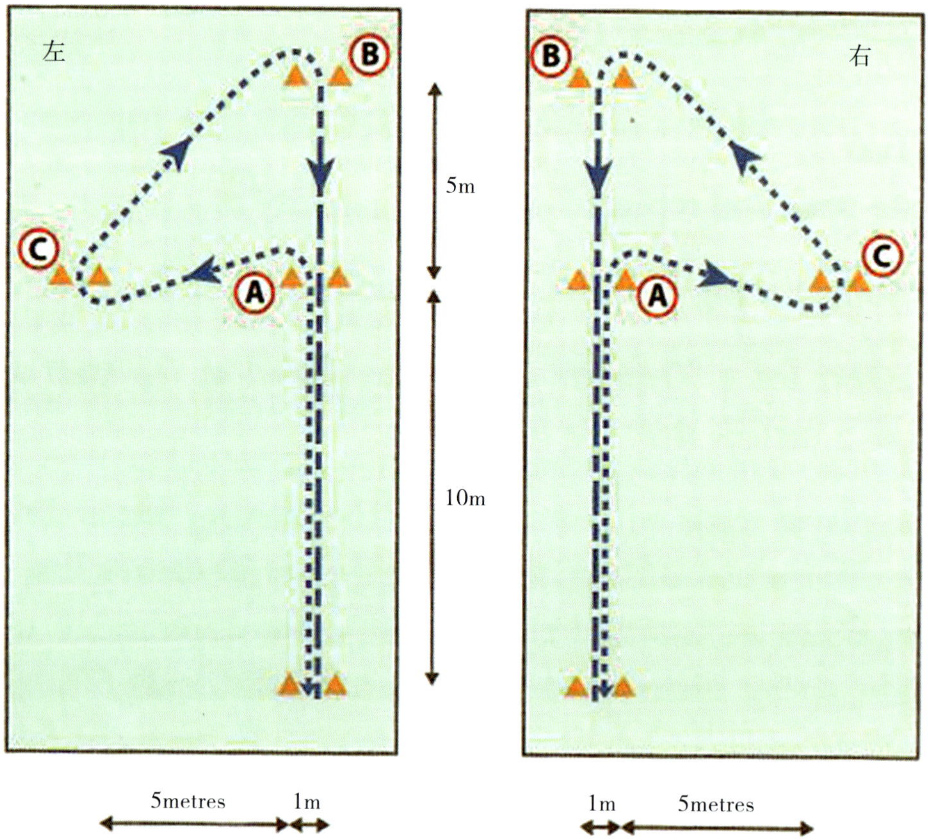

图2-5

箭头灵敏性测试线路，虚线表示跑动路线。

提高表现的训练：速度训练和敏捷训练。

创造性速度测试

目的：评估带球时的速度和协调能力。

器材：电子设备，如光电门或秒表。

场地：创造性速度测试的场地线路如图2–6所示。

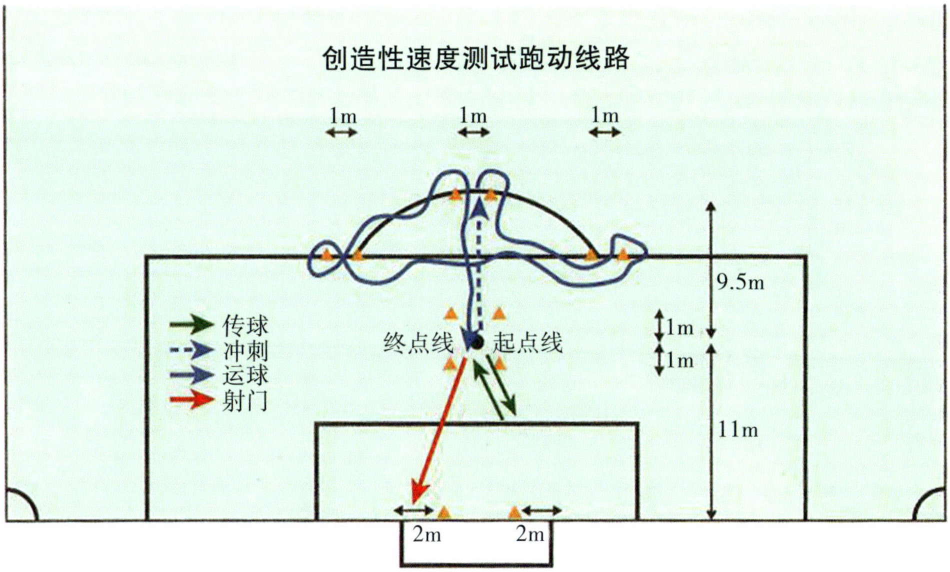

图2–6

创造性速度测试线路，虚线表示无球跑动路线，红色实线表示运球路线。

说明：球员在起点区域（罚球点，点1）的中间处背对测试路线开始（图2–6），从2米远距离传球给球员，球员回传后转身向点2冲刺。球员在点2处接球后按如图所示路线运球。当球员运球回到点2时，他／她将球往前踢并在起点区域（点1）完成射门。球必须射入球门的一个角，否则测试结果无效，其他球员接球传球给他／她直到射入球门一角完全越过球门线测试停止。如果使用电子设备，一套放在“起点线”上，另一套放在球门线上。

提高表现的训练：速度耐力训练、敏捷训练和技术训练。

总结

可以通过观察和测试来评估每名球员的各种技术和体能方面的能力。在此之后，在下一训练阶段应重点关注的方面应该优先考虑。这些需要关注的方面可能是球员的不足之处，也可能是需要进一步提高的强项。经过一段时间的训练后，可以再次进行评估，并制定新的优先次序（参见第11章—制订训练计划）。

个人训练可以安排得非常有趣。

3. 足球个人体能训练

基于主导能量系统的不同，足球体能训练可分为若干不同类型（图3–1）。下面简要介绍体能训练的各个类型。有关能量系统和足球训练的详细说明，请参阅《足球有氧与无氧训练》《足球运动与训练生理学》和《足球力量训练》。

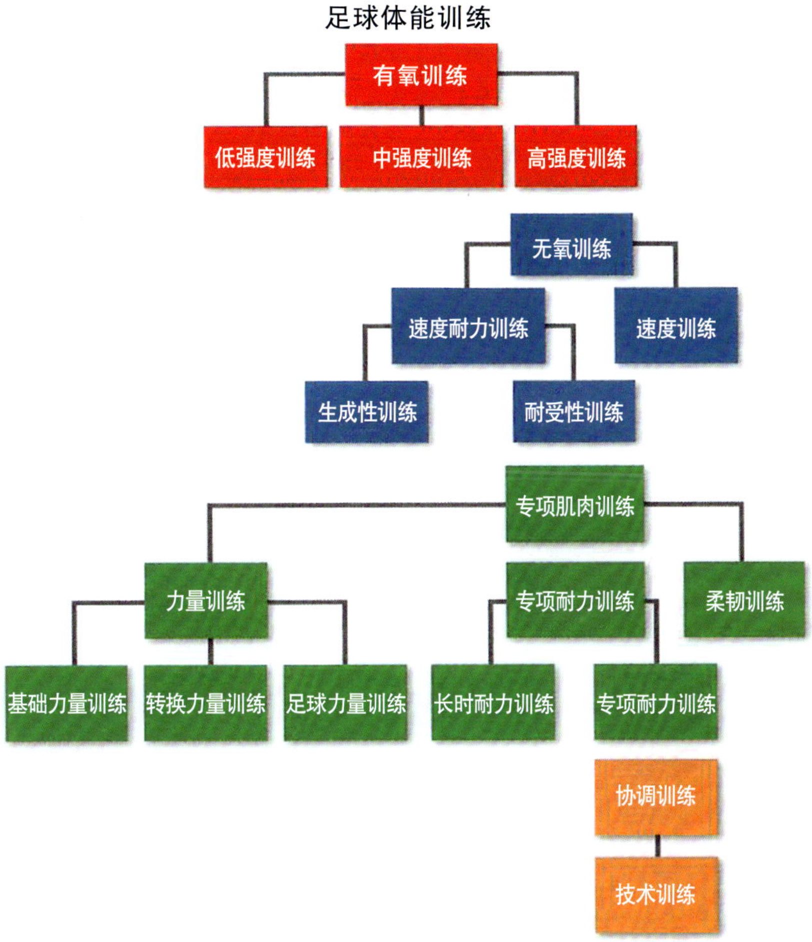

图3–1

足球体能训练的不同类型。

有氧训练

在低、中等运动强度下，肌肉主要通过有氧过程提供能量，在这种强度下训练分别称为有氧低强度和有氧中强度训练。在更高的强度下，有氧系统被进一步刺激，这种训练称为有氧高强度训练。如果训练是以有球练习或小型比赛的方式组织的，则在练习中的某次时段，球员可能会动用无氧能量，特别是在有氧高强度训练时。尽管如此，有氧高强度训练仍然被认为是有氧训练，因为这种类型的训练主要还是针对有氧系统。图3-2显示了有氧训练期间运动强度的变化。心率可以作为有氧训练的强度指标，有氧低、中、高强度训练时球员心率应分别为最大心率的65%、80%和90%。但是球员在练习期间强度会有上下起伏，这种变化取决于许多方面因素，如与球的距离和球友的位置相关（表3-1）。

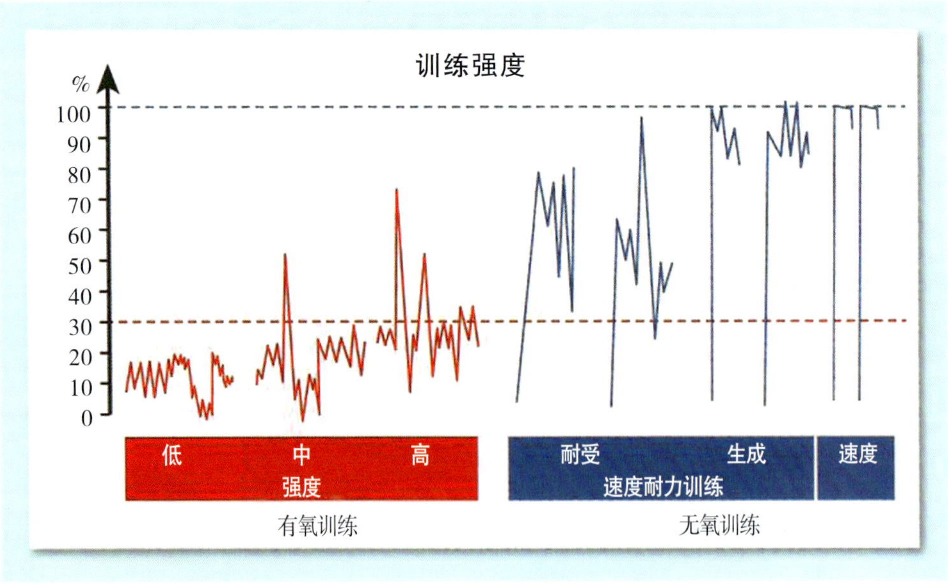

图3-2

与有氧和无氧训练中球员最大强度（100%）有关的运动强度的例子。训练的类别之间存在一些重叠，如有氧高强度训练中的运动强度可能有时变成与无氧速度耐力训练期间一样高。球员的最大摄氧量和最大运动强度分别用较低水平虚线和较高水平虚线表示。

表3-1 有氧低、中、高强度训练的平均心率和心率范围

左栏是以最大心率的百分比表示，右栏假定球员的最高心率为200次/分

	心率			
	最大心率%		次/分	
	平均	范围	平均	范围
有氧低强度训练	65%	50%～80%	130	100～160
有氧中强度训练	80%	65%～90%	160	130～180
有氧高强度训练	90%	80%～100%	180	160～200

足球运动员在比赛的任何时候都应该具有高强度运动的能力。通过有氧高强度训练可以提高该运动的能力。这种训练应该采用间歇训练的方式，表3-2提供了训练和休息时间以及训练期间目标心率范围。

表3-2 有氧高强度训练的运动/休息时间与强度示例

	运动	休息	心率（%最大心率）（运动结束）
a	1分钟	30秒	90%～100%
b	2分钟	1分钟	85%～95%
c	3分钟	1分钟	80%～90%

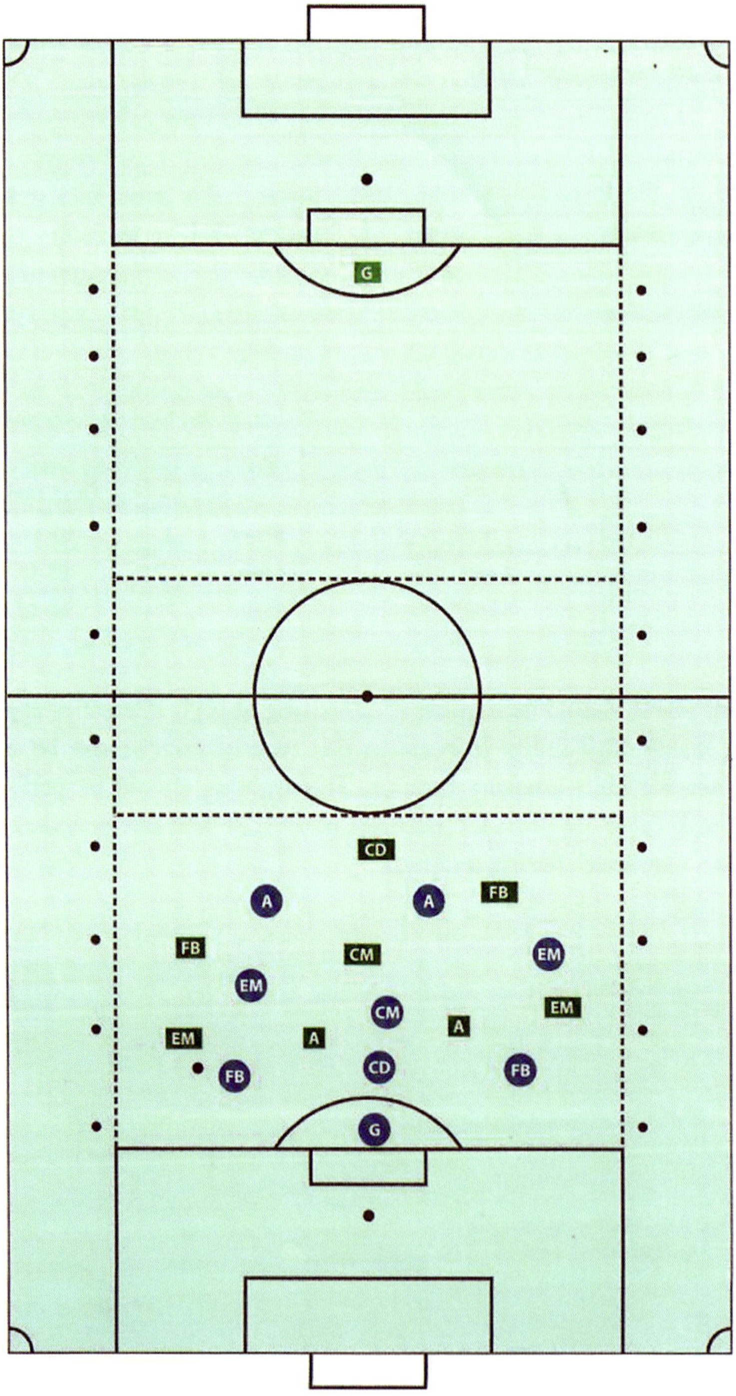

图3–3

尤文图斯队组织的“深度”有氧高强度训练示意图。

图3-3显示了尤文图斯队进行的名为“深度”（参见《足球有氧与无氧训练》）的有氧高强度训练，要求每队9名球员在其各自位置上进行训练。因此，训练是结合专项位置的，并且由于每名球员在每次练习结束时的心率都高于最高心率的90%（图3-4），所以这个练习安排达到了训练的目的。

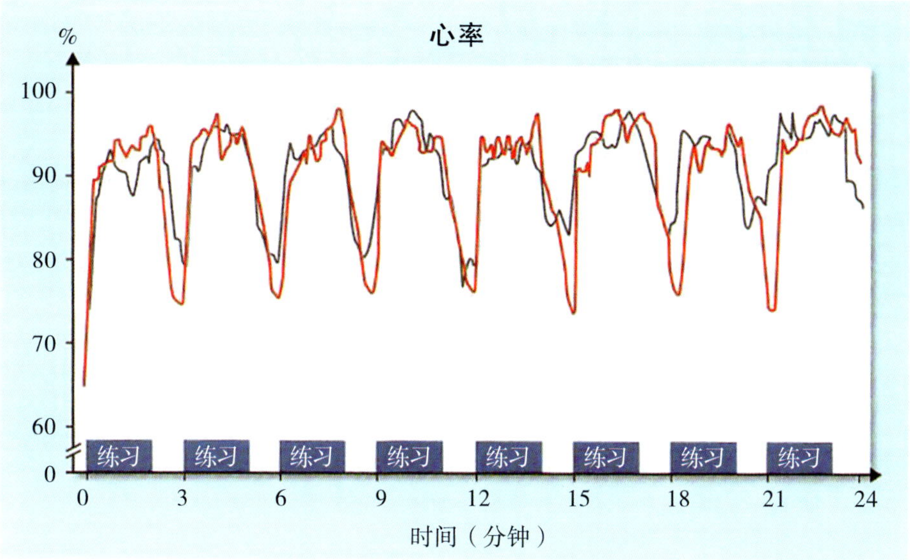

图3-4

2名尤文图斯队球员在“深度”训练期间的心率。可以看出2名球员在每个练习阶段都达到了目标心率。

重要的是，球员能够在这样的练习中同时保持了高水平的体能和技术表现。因此，训练的部分目标应是提高不同速度下保持长时间运动的能力（耐力）。通过进行有氧中等强度训练，可以提高球员的耐力。在比赛后的第二天，或在经过几天的高强度训练之后，球员可能需要恢复，这时，教练员可以安排小负荷的活动，如有氧低强度训练。

无氧训练

在高强度运动时，大部分能量都由无氧过程供应，但同时也会运用到有氧能量。在短时间冲刺中（1～5秒），能量主要通过磷酸盐分解产生，但无氧系统的乳酸供能也很重要。提高磷酸盐系统功率的训练叫作速度训练（参见图

3-1）。在较长时间的高强度运动中，能量主要通过乳酸供能系统产生，与此相关的训练称为速度耐力训练（参见图3-1）。

速度训练

在足球运动中，速度不仅取决于体能，还涉及快速决策，同时还必须将其转化为快速动作。因此，速度训练的目的是提高球员感知需要立即行动（感知）的比赛情况的能力，在需要时立即采取行动的能力（评估—决定），并以协调的方式迅速产生力量的能力（采取行动）。球员在比赛中的平均冲刺时间不到3秒。然而，由于冲刺对于比赛的最终结果起着重要的作用，因此球员进行速度训练对比赛的结果是有帮助的。在进行速度训练时，最好进行少量的高质量重复练习，而不是大量的低质量练习。下文列出了速度训练的重点，表3-3中列出了职业球员的训练间歇示例。

表3-3　职业足球球员的速度训练示例

冲刺时间（秒）	恢复时间（秒）	每组重复次数	组间恢复（分钟）	组数
3	40	8	2	3
6	60	6	3	2

速度训练的重点

- 最大强度
- 少量重复—长恢复期
- 充分热身
- 高度的集中和动机
- 结合球练习
- 安排在训练课前期
- 训练前有很好的恢复

图3-5显示了速度训练过程中一名进攻球员的速度表现。比赛时测量的最高时速为每小时35公里。从图中可以看出，球员在前7次冲刺中能接近他的最大速度，但在最后的冲刺中速度明显下降。

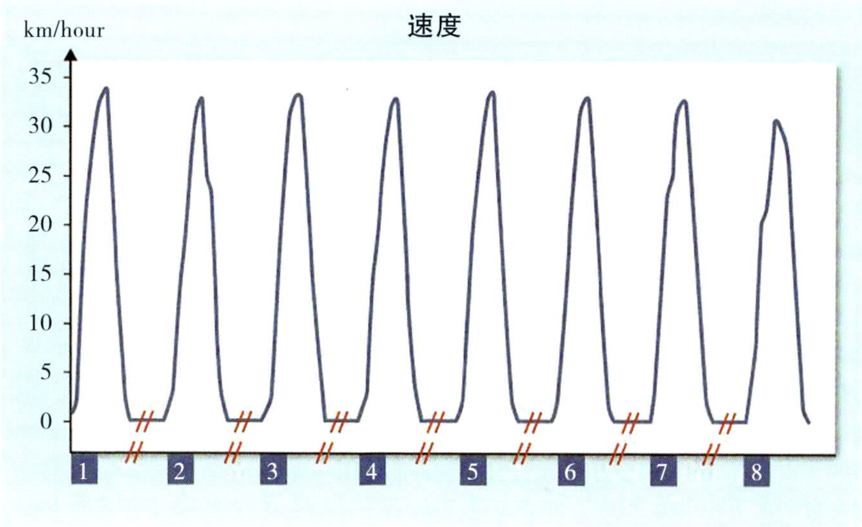

图3-5

职业级前锋的速度训练，练习包括8次冲刺，每次冲刺时间4秒，每次之间休息45秒。

虽然冲刺时间少于5秒，但训练期间心率显著增加，平均值和峰值分别在最大心率的76%～82%和80%～84%范围内（图3-6），表明冲刺训练也刺激了有氧系统。此外，血乳酸从1毫摩尔/升增加到6毫摩尔/升左右的峰值，表明

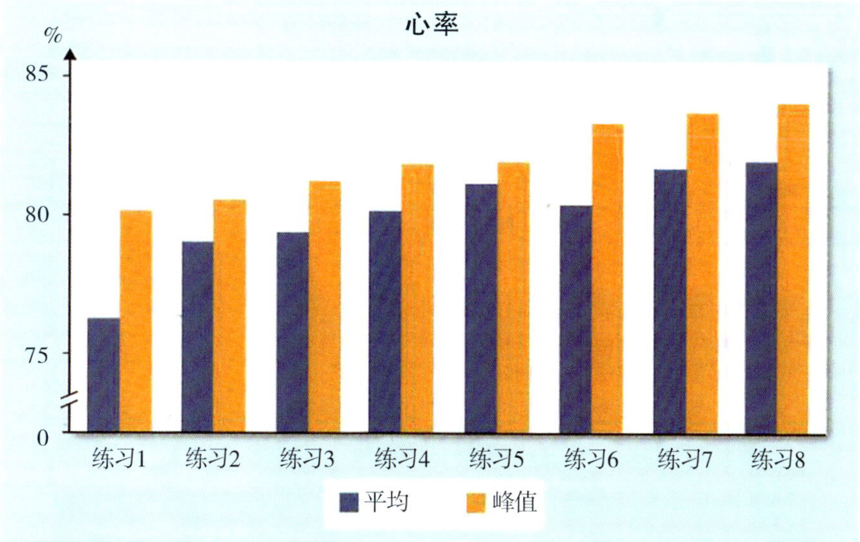

图3-6

一名前锋队员在速度训练中的平均心率和最高心率。注意，尽管运动时间较短，但心率明显增加，这表明有氧系统在速度训练中也受到了刺激。

乳酸供能系统被大量动员。

应该指出的是，团队的速度不仅与球员个人的速度有关，而且与球员相互理解、默契的能力有关，即球员对球队打法的共识，以及能够减少触球来快速转移球。

速度耐力训练

高水平球员在比赛期间测得的高血乳酸浓度表明乳酸供能系统在足球运动中非常重要，因此应该进行专门训练。这可以通过速度耐力训练，提高反复进行高强度运动的能力。速度耐力训练可分为生成性和耐受性训练。两种类型的训练都能提高反复剧烈运动的能力，以及提高比赛过程中迅速恢复的能力。生成性训练可以增强球员高强度运动能力，耐受性训练可以提高球员更长时间内高强度运动能力。这两种训练的要点如下，表3-4和表3-5列出了职业球员的训练间歇和强度示例。

表3-4　职业足球球员速度耐力的生成性训练实例

强度（平均）（%）	练习时间（秒）	恢复时间（秒）	练习次数	组间恢复（分钟）	组数
90	15	90	5	4	3
70	25	150	8	0	1

速度耐力的生成性训练要点

- 最大强度的60%～100%
- 较短的练习时间（10～40秒）
- 较长的恢复时间（1～3分钟）
- 每次练习后进行恢复练习
- 安排在训练课的前期

表3-5　职业足球球员速度耐力耐受性训练实例

强度（平均）（%）	练习时间（秒）	恢复时间（秒）	练习次数	组间恢复（分钟）	组数
75	30	30	5	3	3
50	60	60	5	3	2

速度耐力的耐受性训练要点

- 最大强度的30%～100%
- 较长的练习时间（20～90秒）
- 较短的恢复时间（20～90秒）
- 每次练习后进行恢复练习
- 安排在训练课的结束部分

图3-7显示了速度耐力训练中边后卫的跑动速度。该练习时间约为30秒，恢复间歇时间为3分钟。球员进行6组练习，每一组练习有4个停止和加速阶段。球员跑步速度应达到每小时25～31公里，大约是球员在比赛中测得的最高跑动速度（每小时34公里）的90%。

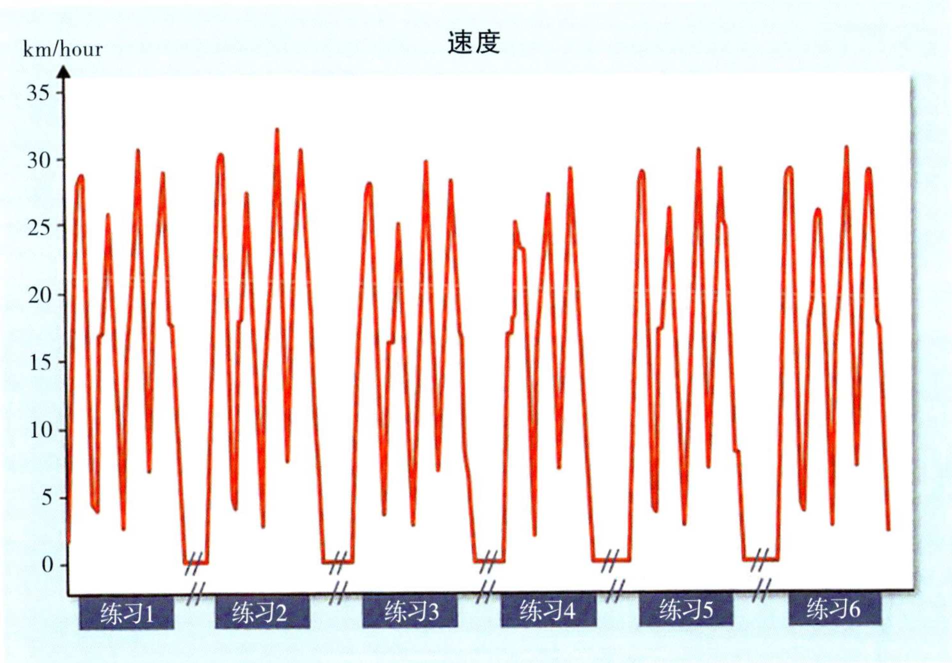

图3-7

在顶级球队边后卫的速度耐力生成性训练（6组，约30秒的练习，间歇3分钟的恢复）中的球员速度（通过GPS测量）。

图3-8显示了在速度耐力生成性训练中球员平均心率和峰值心率（参见图3-7）。平均心率介于最大心率的84%～90%，而在所有6组的练习中心率峰值都超过最大心率的90%。因此，速度耐力训练也有很高的有氧训练成分。

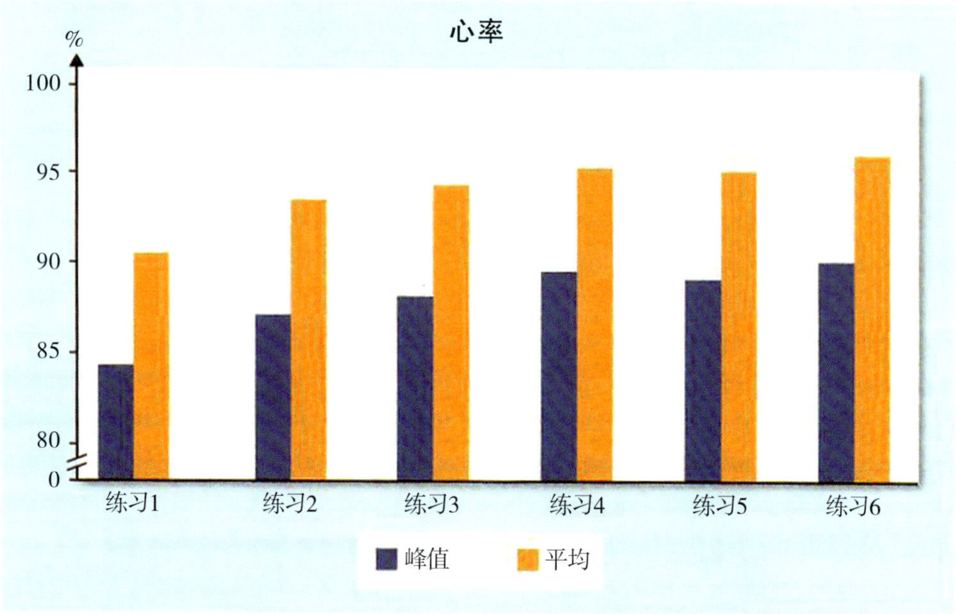

图3-8

顶级球队边后卫的速度耐力生成性训练中平均和峰值心率（以最高心率的百分比表示）。

训练中研究者还测量了球员的血乳酸，发现在训练时球员的血乳酸值高于10毫摩尔/升的峰值，这表明在训练中无氧供能系统被高度动员。

在一项针对英国次优秀球员的科学研究中，将速度耐力生成性训练4周的效果与速度耐力耐受性训练进行了比较。速度耐力生成性训练是进行个人练习，而速度耐力耐受性训练则采用2v2比赛。除了每周3次的正常训练之外，球员额外进行了这种训练。研究发现，两组球员的峰值冲刺表现和平均冲刺表现都得到了提高（图3-9）。然而，只有速度耐力生成性训练组在反复直线速度测试中疲劳指数提高了。因此，这两种训练都能够显著地提高成绩，但速度耐力生成性训练是更有效的。

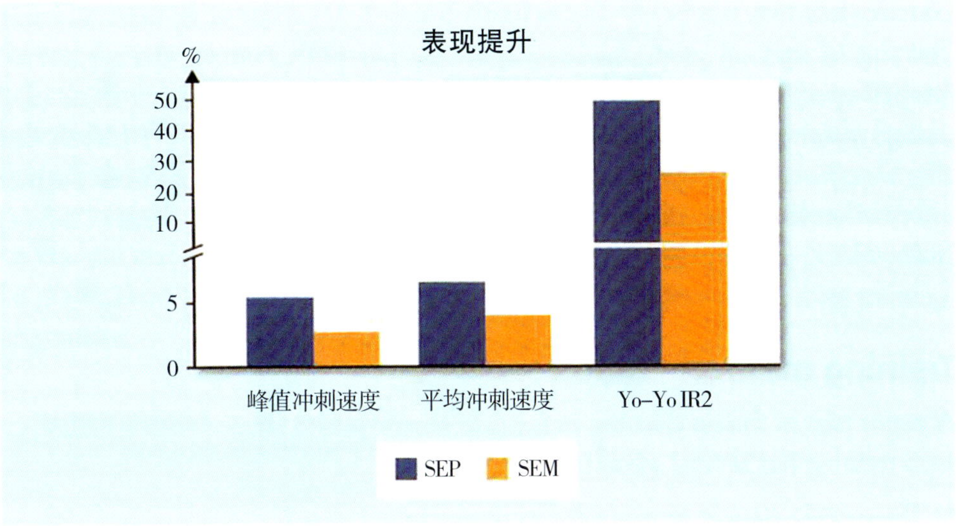

图3-9

通过4周的速度耐力生成性（SEP）训练或速度耐力耐受性（SEM）训练后，球员在反复直线速度测试和Yo-Yo测试水平2中的表现有所提高。

本书仅介绍速度耐力生成性训练，因为通过显著地缩短练习的恢复时间，如从3分钟减少到1分钟，训练就可以转化为速度耐力耐受性训练。

专项肌肉训练

专项肌肉训练涉及用专项动作训练肌肉。这种训练的目的是提高肌肉系统的表现以达到比单纯足球练习更高的水平。专项肌肉训练可分为力量训练、肌肉速度耐力训练和柔韧性训练（图3-1）。反复做仰卧起坐（将上身从水平位置抬起屈体至腿部）是肌肉耐力训练的一个例子。拉伸腘绳肌是柔韧性练习的一个例子。

力量训练分为基础力量训练、力量转化训练和足球力量训练。基础肌肉力量训练的目的是增加肌肉的围度、能力和功率/爆发力，这种类型的训练包括了自由重量、自重、训练器械或其他设备所提供的外部高负荷练习。使用某种形式的外部阻力，比如使用哑铃训练肱三头肌，就是肌肉力量训练的一个例子。通过力量转化训练，可以提高、优化在起动、跳跃、突破和变向等活动中的基础肌肉力量的运用。力量转化训练包括了一些高速练习，但这些练习在形式上可能与足球专项相距较远，在练习时不使用或使用较轻的外负荷。足球力量训练的目的是在高强度的足球专项动作中提高力量输出。这种训练涉及一些类似于比赛中使用的动作，而且练习时无外部负荷。大多数球员还可以通过力量训练来避免受伤，从而获益。有关专项肌肉训练的更多信息参阅《足球力量训练》一书。

训练方法

足球体能训练的主要部分应该是结合球安排，因为这样的训练有几个优点：

- 训练足球中所使用的特定肌群。
- 在类似于比赛的条件下，提高球员身体、技术和战术技能。
- 这种训练形式比无球训练更能激发球员的积极性。

然而，当结合球进行练习时，由于各种因素（如战术限制）的影响，球员可能会出现负荷强度不够的情况，从而降低了训练强度。为了增加训练比赛的强度，我们可能会设定一些规则，如球员在接触球时最多两次触球。如果没有可用的专门足球场地时，教练员在组织训练时应尽可能地具有创造性。例如，可以选择在林间跑步，球员每次到达一棵树时都做出类似于比赛中使用的变向和变速动作。

女球员的训练

由于女子球员体能水平相对较低，因此女子足球的整体运动强度不如男子比赛强度高，然而女子足球的活动特征却与男子足球的活动特征相似。此外，由于女子足球的日益普及和迅速发展，对女性球员的体能要求也越来越高。男子和女子球员的训练潜力几乎没有差别，即从基线水平对训练的反应是相似的。因此，男女球员基本上应以同样的方式训练，本书所提供的训练建议也适用于两性球员。

对顶级女子球员要强调高强度训练。最近的科学研究表明，减少训练量并强调专项位置的有氧高强度训练和速度耐力训练，会对顶级女子足球球员的表现产生积极影响（图3-10）。然而，如果突然提高负荷，可能会改变月经周期，因此建议逐渐增加运动的量和强度。如果发生任何月经变化，球员应该休息一段时间或者采用一个更低要求的训练计划。

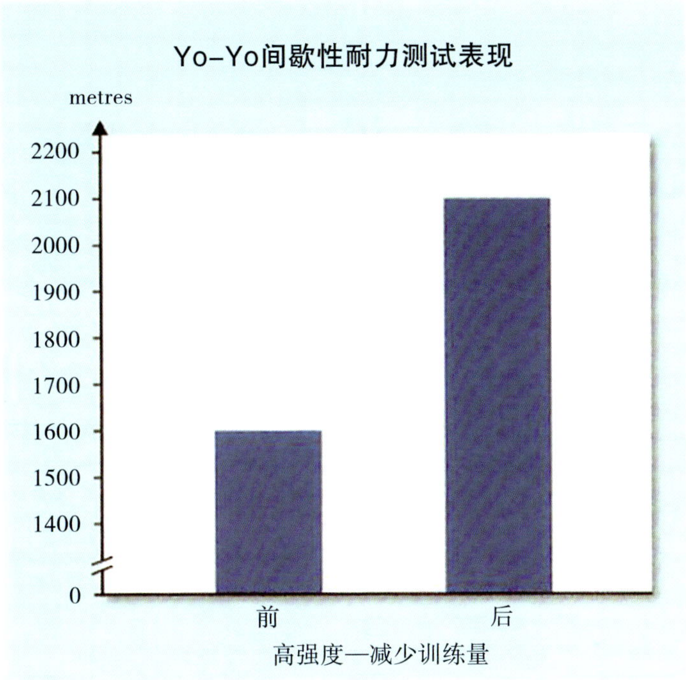

图3-10

通过两个月的高强度—减少训练量的训练后，顶级女子球员在Yo-Yo间歇性恢复水平1测试中的表现。球员在训练后的表现几乎提高了30%。

总结

通过体能训练可以提高球员的表现潜能，体能训练可分为有氧训练、无氧训练和专项肌肉训练。有氧和无氧训练活动应尽可能与踢足球专项活动相似。这就是为什么大多数这种类型的训练应该结合球来完成的主要原因之一。正如本书所述，作为一般素质训练的补充，练习的设置应该适应球员的个人需求。女子和男子球员的体能训练应遵循相同的原则。

表3-6是对顶级水平球队一节训练课的有氧高强度训练单元进行监控获得的数据。可以看到，所有球员的心率都高于最高心率的80%，并且在相当长一段时间的训练中跑动速度超过16公里/小时；球员之间也存在很大差异，其中13号球员的负荷最大。这些记录提供了关于每名球员的训练效果与负荷的重要信息。

表3-6 顶级球队训练中球员的总训练时间、心率、高速跑的总距离、高冲击加速与减速的数量和时长以及球员在训练中的冲刺数

球员	时长（分钟）	HR>80% Max（分钟）	HR>90% Max（分钟）	总距离（米）	>16km/h（米）	>21km/h（米）	高冲击加速/减速（数量）	高冲击加速/减速（分钟）	冲刺（分钟）
1	121	44.6	16.9	7415	699	229	207	1.7	33
2	119	45.4	22.7	7197	656	141	238	2.0	32
3	118	37.2	12.4	7951	961	254	244	2.1	47
4	118	47.3	17.8	7074	385	71	209	1.8	20
5	119	53.0	31.0	7305	511	158	193	1.6	22
6	120	43.7	22.8	8023	719	212	286	2.4	35
7	120	38.5	18.4	8113	728	149	256	2.1	36
8	119	45.8	25.0	7025	575	161	245	2.1	36
9	120	42.3	27.3	8101	1102	234	302	2.5	32
10	101	30.2	15.1	7747	1264	398	274	2.7	38
11	88	24.7	8.9	7370	765	211	155	1.8	24
12	119	37.4	12.5	6704	453	59	190	1.6	27
13	120	52.0	30.9	8870	1185	304	365	3.0	56
14	120	37.1	20.8	6538	522	147	193	1.6	26
15	120	38.2	15.8	7935	582	151	284	2.4	28
16	91	35.3	20.8	7866	1220	265	171	1.9	30
17	57	31.5	22.1	6732	1280	368	144	2.5	38
18	120	48.1	30.3	7798	894	248	365	3.0	46

4. 前　锋

足球前锋的主要任务是进球和参与进攻时的最后一部分时段的活动。此外，前锋还有很多其他的任务，不同前锋的任务有很大差别。一些前锋要扮演目标球员的角色，而另外一些球员则主要通过前插接身后球。某些前锋还要承担大量的防守任务，而另外一些球员则几乎不参与防守。迪迪埃·德罗巴的一个重要任务就是担任目标球员，而梅西则是一个较少参与防守的前锋，并且在球队完成配合打法时位置也非常灵活。

对英超联赛中的前锋观察表明，一场比赛中的身体活动表现出很大的差异。高速跑的范围在1500～3000米，一些前锋只进行了6次冲刺跑，而其他前锋可能达到35次。这些差异是由很多因素构成的，如球队的打法体系。例如，无论是4-2-3-1阵型或是4-4-1-1阵型中的目标球员，或是4-4-2阵型中2名前锋之一，抑或是4-3-3阵型中的一名前锋，其都会对身体、技术和战术的需要产生重要影响。举个例子，来自英超联赛的一名前锋需要在不同打法阵型的球队中比赛。在4-2-3-1阵型里，前锋每场平均只有1450米的高速跑和250米的冲刺，并且大多数冲刺是从球场中间位置跑向罚球区或跑向中前卫的5～10米短距离加速。在4-4-2阵型中，中前卫使用“菱形体系”的站位，2名前锋沿着两翼，有几次长距离弧形的高速跑和冲刺跑。在这个4-4-2阵型里，前锋进行了2300米的高速跑，以及进行相当数量超过20米的冲刺跑（16次）。他在两个比赛阵型中也面临不同的技术挑战，4-4-2阵型中运球和传中的次数更多，4-2-3-1阵型中的铲球和争抢高空球的次数更多。因此，前锋的训练不仅要考虑到比赛的打法阵型，还要考虑对球员的技战术要求。在下面的章节中，我们将列举前锋在速度、速度耐力和有氧高强度训练方面的示例。

速度训练

关于前锋其他的速度训练，参见训练6.1和训练7.1。

训练4.1—速度训练

目标球员：前锋。

其他球员：中前卫和守门员。

练习场地：半场加一个罚球区。

练习组织：1名前锋（A），1名中前卫（CM）和1名守门员（G，图4-1）。约5名前锋轮流参与练习，约6个球。

练习说明：前锋向中前卫加速跑动接球（1），然后前锋接球后一次触球回传（2）。前锋转身快速前插，中前卫直塞至罚球区弧（3），前锋得球后完成射门。

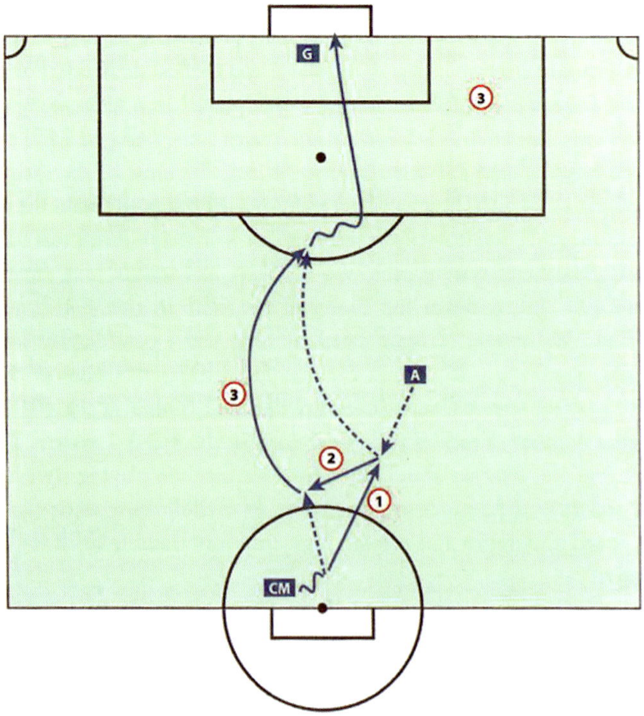

图4-1

间歇：4秒练习间歇45秒休息。重复次数：10～15。

练习变化：a）前锋选择不同起始位。b）增加1名中后卫（CD）盯防前锋。

执教提示：A（前锋）必须以最快速度转身和前插。CM（中前卫）传球必须让A能在罚球区附近接到（3）。在变化a中，A甚至可以在CM后面开始。在变化b中，CD应该紧跟A，佯装不知道中前卫将长传球。

训练4.2—速度训练

目标球员：前锋/中前卫（进攻型中前卫）。

其他球员：中前卫，边前卫球员和守门员。

练习场地：半场加两个罚球区。

练习组织：2名中前卫球员（CM1和CM2），2名边前卫（EM1和EM2），2名前锋/中前卫（A1/CM1和A2/CM2）和2名守门员（G1和G2，见图4-2）。约8名前锋/中前卫轮流参与训练，约10个球。

练习说明：A1/CM1和A2/CM2进行速度训练。CM先传球给A1/CM1，再传球给A2/CM2（1），然后向相反的方向运球，进入罚球区完成射门（2）。A1/CM1和A2/CM2转身，然后冲刺跑（弧线冲刺）到另外一边罚球区，各自接从EM2和EM1的传中球（3），完成射门（4）。

间歇：6秒练习间歇1分钟休息。重复次数：8～12。

练习变化：a）A/CM通过传球给CM开始练习，CM传出关键球给A/CM。b）A1/CM1可以跑向任意方向，但同时A2/CM2必须向相反方向跑。

执教提示：A/CM必须在接到CM的第一球后以最高速度参与练习。EM必须及时传中，即在A/CM靠近罚球区时。在变化a中，CM应该靠近A/CM，为了A/CM在到达罚球区前刚好接到球。在变化b中，A2/CM2必须保持警觉，保证运球方向正确。

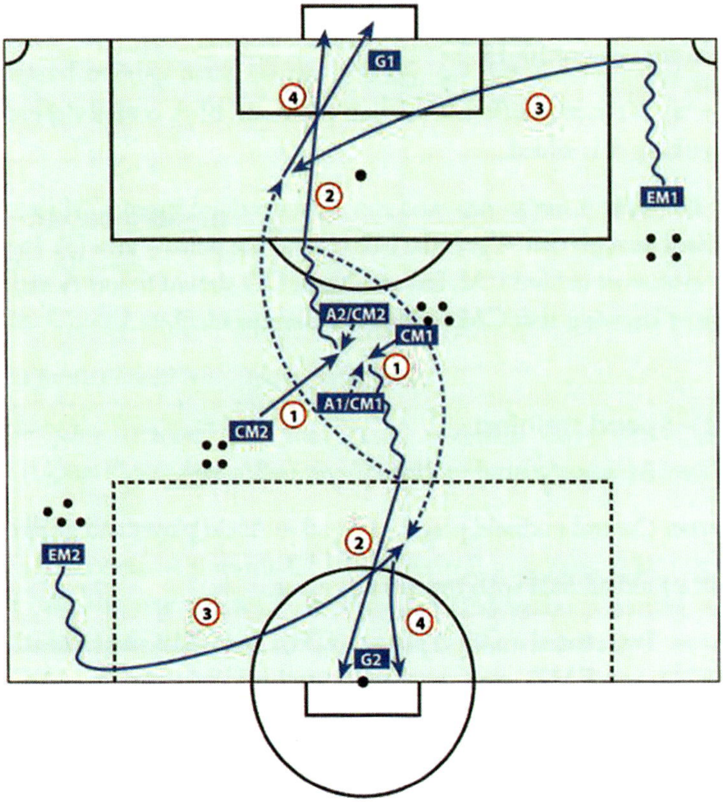

图4-2

训练4.3—速度训练

目标球员：前锋，边前卫和中前卫（进攻性中前卫）。

其他球员：守门员。

练习场地：半场加两个罚球区。

练习组织：1名中前卫（CM），1名边前卫（EM），1名前锋（A）和2名守门员（G1，G2；图4-3A）。约5个球和5组球员，即15名球员，轮流参与练习，每次改变练习的方向。

练习说明：除守门员外所有球员都进行速度训练。EM开始高速运球并传球给A（1），A传球给迅速前插的CM（2）。CM长传给EM（3），EM接球后运球，在CM或A进入罚球区后传中（4），并由其中一人完成射门（5）。

间歇：约5秒练习间歇50秒休息（休息时其他4组可以进行练习，球需要捡回起始位置）。重复次数：10～15。

练习变化：图4-3B。在接到球后，CM传球给进入场地的EM（3）。EM短传给A（4），A分球给边路的CM（5）。CM起半高球传中给进入到罚球区的EM或A（6），由其中一人完成射门（7）。

执教提示：在EM传球给A后，除守门员外，所有球员必须用最快速度，这一点是非常重要的。第二、三次传递应该是一次触球。EM传中必须及时，以确保A和CM可在高速中接到球。如果少于5组参与练习，球员可以等确保完全恢复后再进行练习。

在变化中，第2～5次的传递必须是一次触球，必须传到身前，以保证球员不用减速。CM可以踢低平球传中给跑动的A和EM。

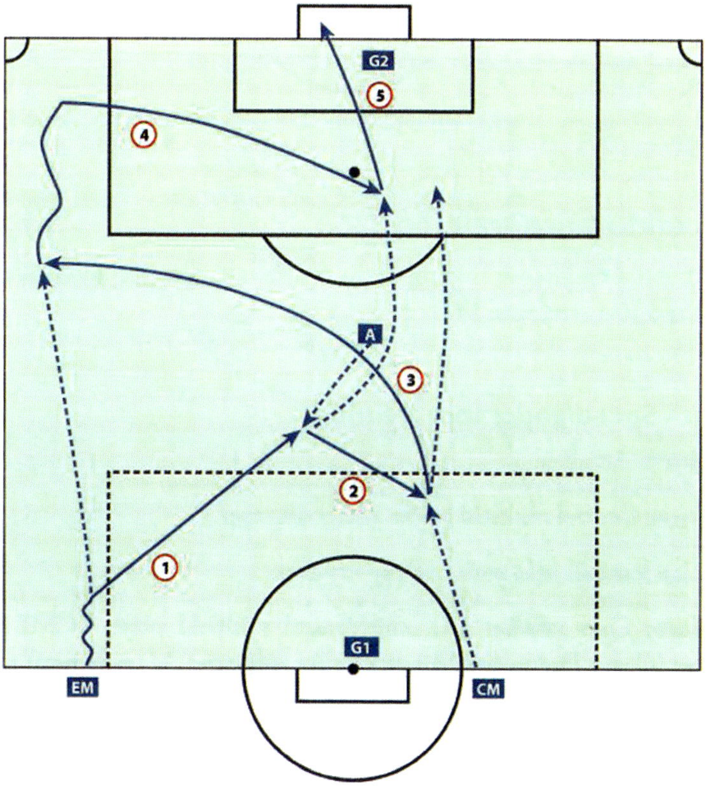

图4-3A

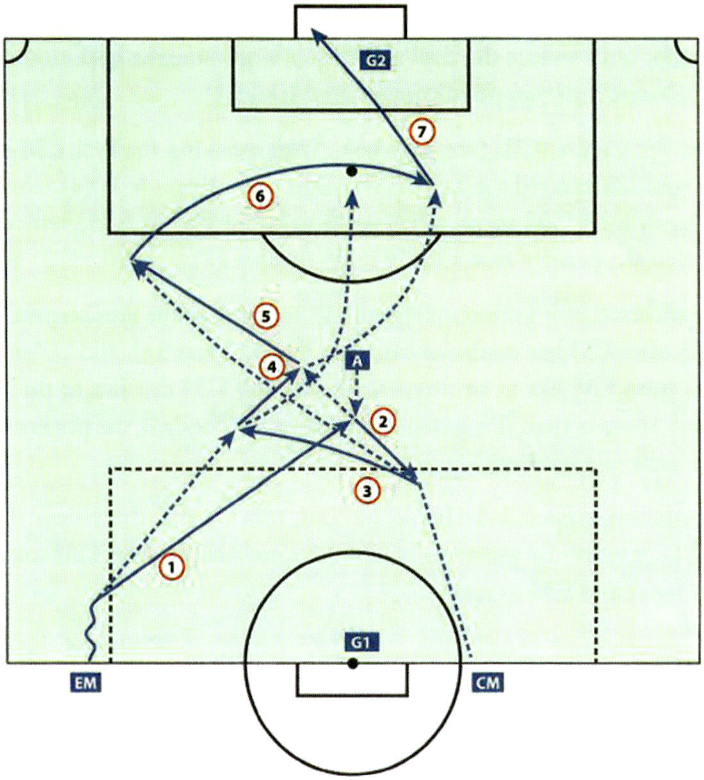

图4-3B

速度耐力训练

关于前锋其他的速度耐力训练，参见训练6.2和训练10.1。

训练4.4—速度耐力训练

目标球员：前锋。

其他球员：中前卫和守门员。

练习场地：半场加一罚球区。

练习组织：1名前锋（A），1名中前卫（CM）和1名守门员（G，图4-4）。约5名前锋和2名中前卫轮流进行练习，约12个球。

练习说明：A全力加速接CM的传球（1），然后一次触球回传给插上的CM（2），A迅速转身前插接CM传出的直塞球（3），接球后完成射门（4），随后A跑至另一边接CM传球（5），然后A接回传的球（6）后向前跑（7），A完成射门（8）。CM回撤重新持球传给A（9），A控球转身完成射门。训练两边都可以进行。

间歇：每一次练习持续20 ~ 25秒，间歇2.5分钟恢复。重复次数：6 ~ 10。

练习变化：A试图突破守门员。

执教提示：A在训练的每个阶段必须是最大程度的发挥。CM必须踢出有挑战性的传球，但是A应该在罚球区前接到球。这种练习变化可以延长训练时间，并相应延长恢复时间。

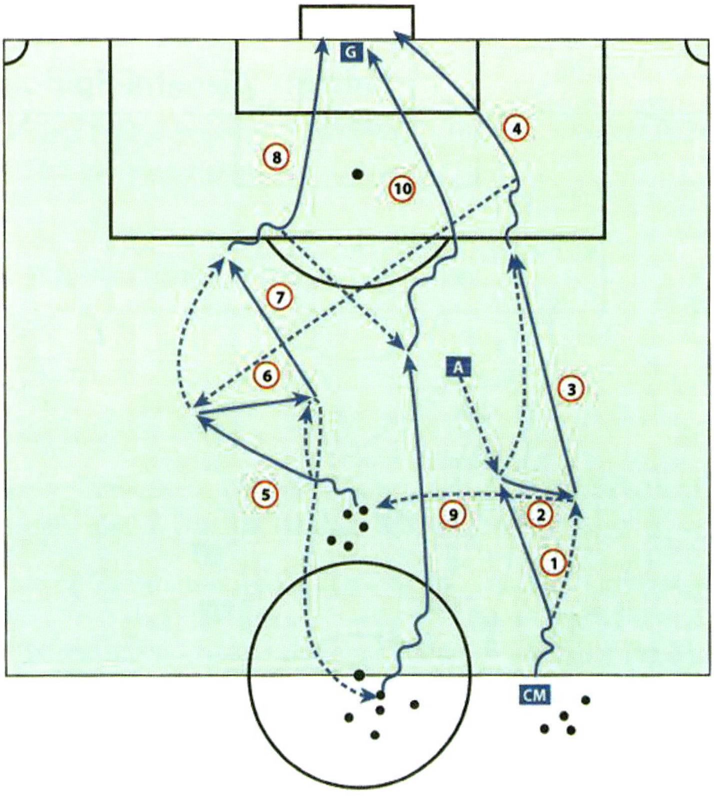

图4–4

训练4.5—速度耐力训练

目标球员：前锋（2前锋阵型）和中后卫。

其他球员：中前卫和守门员。

练习场地：半场加一罚球区。

练习组织：2名前锋（A1和A2），2名中后卫（CD1和CD2），1名中前卫（CM）和1名守门员（G，图4-5）。约5个球，4组前锋和中后卫，即16名球员，轮流进行练习。

练习说明：前锋和中后卫进行速度耐力练习，然而CM应该在练习中控球。CM运球并传球给A1（1），A1立刻回球给CM（2）。CM传深球给A2（3），A2持球后运球，选择自己射门得分或者分球给A1（4），让A1完成射门（5）。然后除了第一次传球是指定给A1外，其他时候A1和A2都要不停地试图去要球。

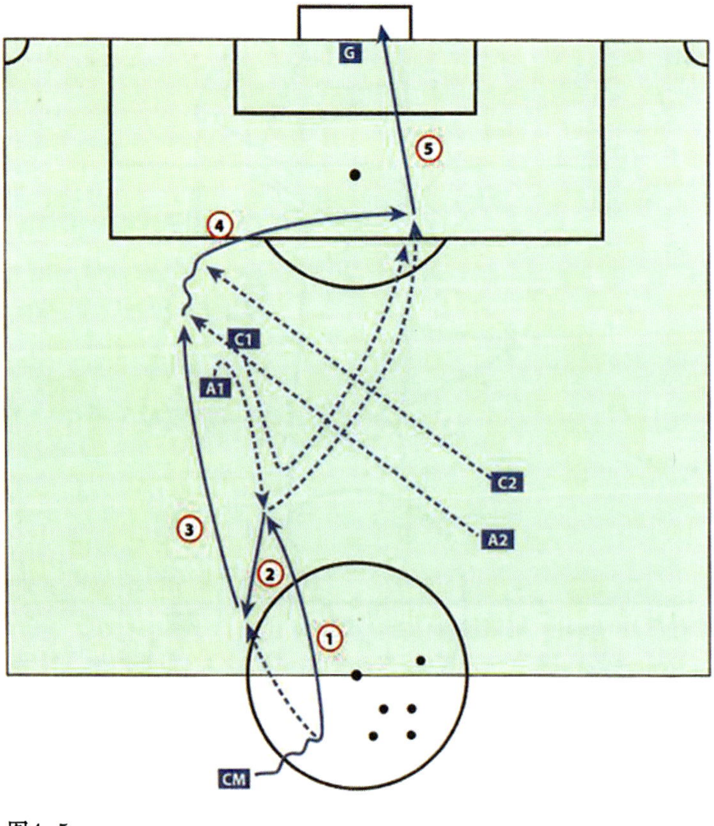

图4-5

间歇：30秒的练习时间（前锋能够完成一次进攻）间歇3分钟休息（其他3组可以进行练习，球需要捡回到起始位置）。重复次数：5～9。

练习变化：a）CM可以选择传一个深球给A1。b）球回传到CM之后，练习形式为自由的，CM可以上前支援A1和A2，但是要求CM最多两次触球，并且不能越过罚球区。

执教提示：前锋和中后卫必须全力投入练习。当A2接球时，他/她必须选择突破或是传球给A1。前锋不能向后运球。对于前锋而言机会难得，必须鼓励他们去尝试，在他们进球得分或失去球权后，都能立即回撤去接下一次传球。如果前锋太难创造得分机会，可以取消中后卫。训练应该从两边进行。

在变化a中，CM及时选择传球给哪一名前锋是非常重要的，而在变化b中，CM必须快速地处理球。

有氧高强度训练

关于前锋其他有氧高强度训练，参见训练7.3，训练10.2和训练10.4。

训练4.6—有氧高强度训练

目标球员：前锋和边前卫/后卫。

其他球员：守门员。

练习场地：半场加一罚球区。

练习组织：一名前锋（A），一名边前卫/后卫（EM/FB）和一名守门员（图4-6）。约5个球。

练习说明：练习从EM/FB低速运球开始，然后中速通过标志桶（1），在通过最后一个标志桶后传球给A（2），A接球后分边（3）。EM/FB高速插上后传中给A（4），A高速插入罚球区抢点完成射门（5）。EM/FB慢跑直至接到A的另一次传球（6），A在完成射门后以中速跑动。EM/FB中速运球到中线开始下一次练习。同时，A先慢速跑到标志桶，然后再中速跑回到起始位置。

间歇：EM/FB练习4组（约2分钟），组间间歇1分钟。重复次数：5～8。

练习变化：a）EM/FB跑向中心区域，在和A做一个撞墙式配合后接球完成射门，以此代替之前的传中。b）EM/FB自由选择传中还是射门。

执教提示：EM/FB练习高速跑要尽自己最大能力，并在低强度期间放松，这是非常重要的。A应该改变自己在罚球区的位置来额外增加EM/FB的技术难度。为了避免让G等太久，可以两边交替进行练习。在变化a中，A应该在传球给EM/FB后立即转身并跑向球门。

强度变化：通过用中速跑代替低速跑可以提高练习强度。

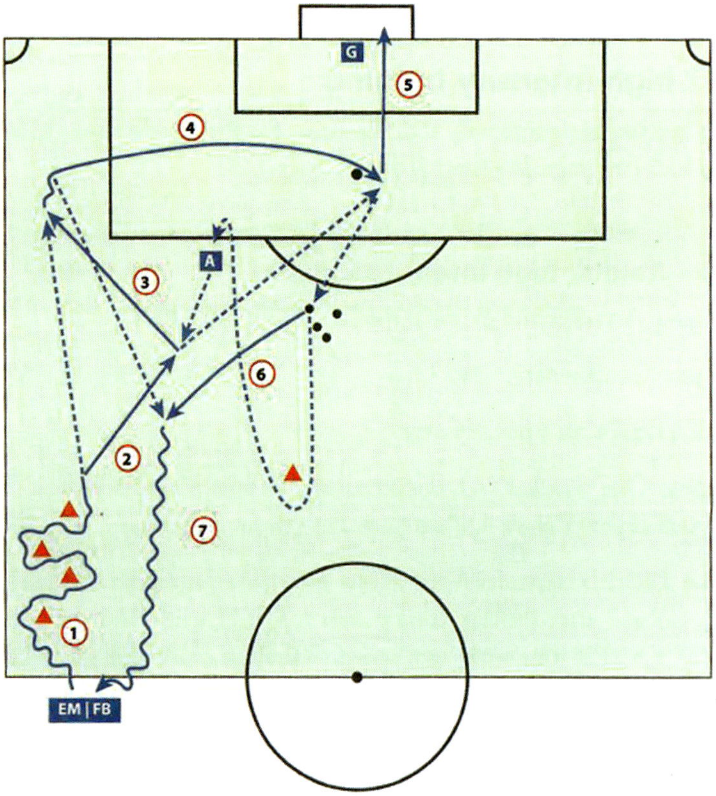

图4-6

5. 边前卫

边前卫的任务主要取决于球队的体系和战术。一些边前卫，如英国的西奥·沃尔科特（Theo Walcott）通常在场上两边的位置，他的主要作用是插到对方后卫的身后，以完成传中或抢点另一边的传中球。这种类型的边前卫常用于4-3-3阵型，但也常用于4-2-3-1阵型（1或2名边前卫在边路的位置上接球），或4-4-2和4-4-1-1这样的平行中场。这些球员通常速度非常快，有很强的长距离冲刺能力，并且在比赛中能够达到最高跑动速度。对英超联赛的研究表明，这些球员的冲刺距离最长并且在一场比赛中能够完成大量高速奔跑。图5-1显示了一名英国边前卫在英超联赛中进行的所有冲刺的例子。很显然，这名球员完成了大量的超过25米的冲刺，并且许多冲刺中的跑动速度超过了30公里/小时。

例如，在4-2-3-1阵型中，在持续进攻时，如果球在另一侧，其他边前卫则在中场接球或者整体移动，以便使球队更加紧凑。在防守上他们也常整体移动。这种类型的球员通常具有很高的耐力水平。英国前国家队球员乔·科尔（Joe Cole）和西班牙的大卫·席尔瓦（David Silva）就是这样的踢球风格。

通过一个例子可以说明各种不同风格的边前卫的区别。在4-2-3-1阵型的顶级球队中，一个赛季的大部分比赛中会使用4名边前卫。其中有3名是传统的快速和爆发型的边前卫，他们的平均高强度跑动距离在2100～2600米，而第四名中前卫在进攻和防守方面更加集中，并且完成了3500米的高速跑动（图5-1）。

以下是边前卫的速度、速度耐力和有氧高强度训练的例子。

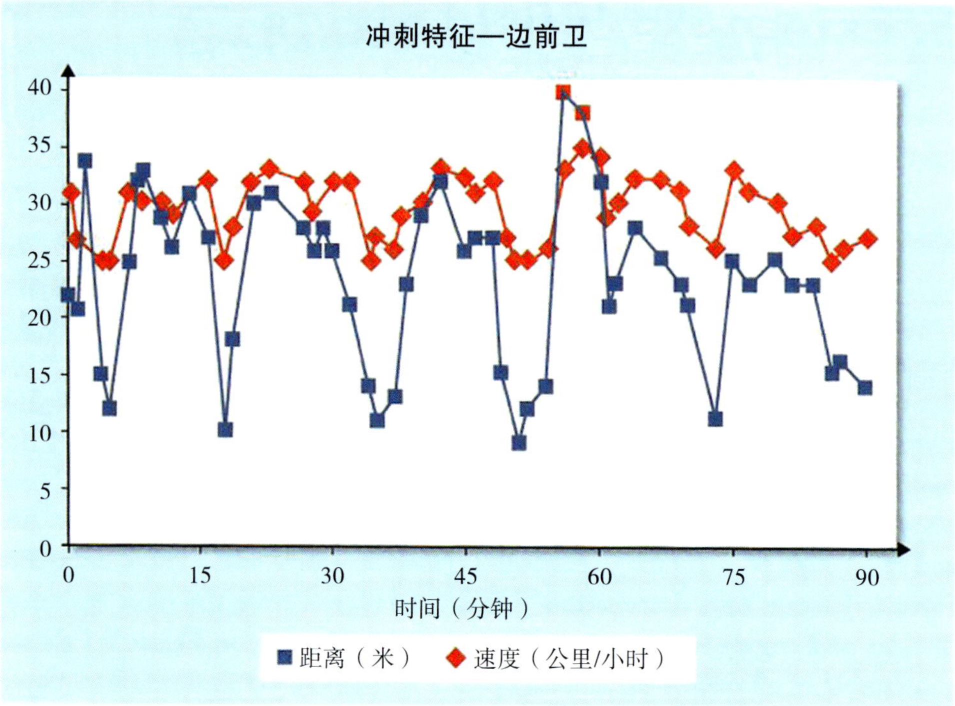

图5-1

英超联赛一场比赛边前卫的冲刺情况（冲刺距离和峰值速度）。注意其完成大量的超过25米的冲刺。

速度训练

关于边前卫其他的速度训练，参见训练4.2和7.1。

训练5.1—速度训练

目标球员：边前卫。

其他球员：中前卫，前锋和后卫。

练习场地：半个足球场。

练习组织：1名中前卫（CM），1名边前卫（EM），1名前锋（A），1名后卫（FB）和1名守门员（G，图5-2A）。大约5个球。

练习说明：EM进行速度训练。CM运球并传球给EM（1），当FB逼抢EM时，EM运球并传球给A（2）。A（前锋）一次触球传球给EM（3），EM高速前插接球完成射门（4）。约6名边前卫依次参与练习。

间歇：4～6秒的练习间歇40～60秒的休息（其他球员进行练习，同时把球捡回到中场）。重复次数：10～15。

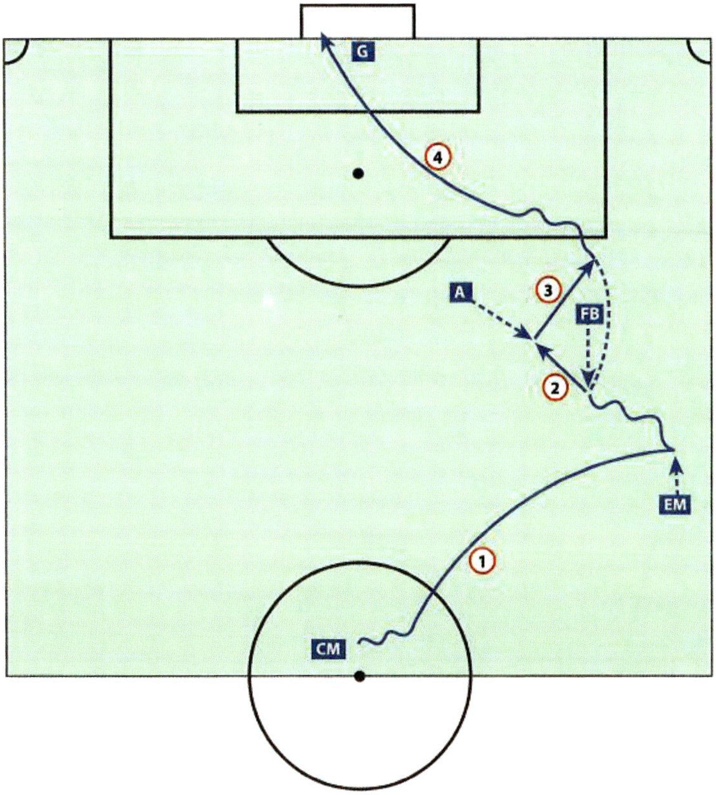

图5-2A

练习变化： 如图5-2B所示，FB传球给EM/CM (1)，EM/CM接球运球绕过标志桶传球给A（2），A一次触球传给EM（3），EM接球完成射门（4）。

执教提示： 当FB靠近EM时，EM一完成接球、传球给A后就必须加速。然后EM必须提高在持球时的速度，直到完成射门。

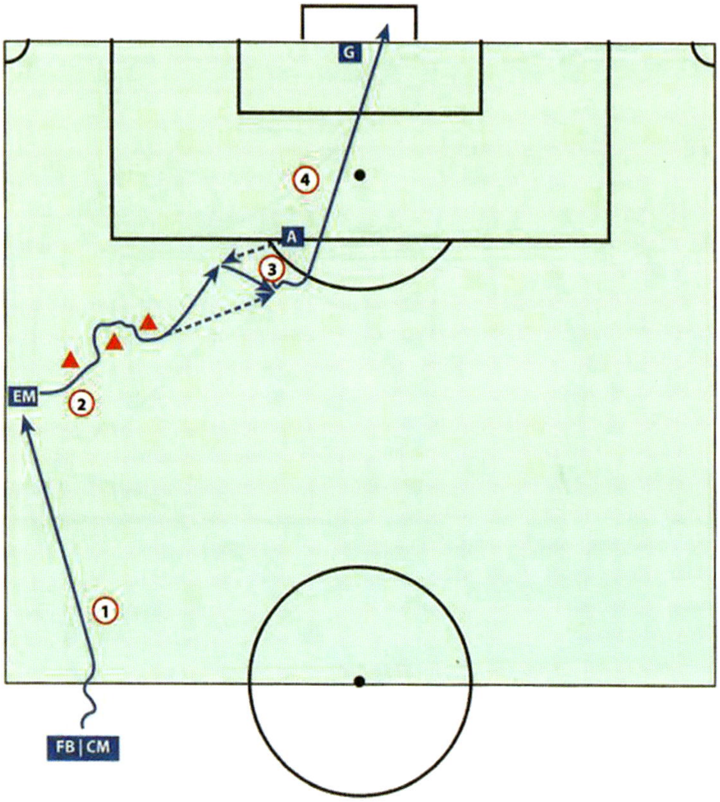

图5-2B

速度耐力训练

关于边前卫其他的速度耐力训练，参见训练10.1。

训练5.2—速度耐力生成性训练

目标球员： 边前卫/后卫。

其他球员： 中前卫、前锋和守门员。

练习场地： 半场加一罚球区。

练习组织： 1名边前卫/后卫（EM/FB），1名中前卫(CM)，1名前锋（A）和1名守门员（G，图5–3）。约3个球，约4名边前卫或后卫轮流参与练习。

练习说明： EM/FB进行速度耐力训练。EM/FB运球后传球给CM（1），CM接停球后传球给背套的EM/FB（2），后者运球传中给A，A抢点完成进攻（4）。EM/FB回撤接CM的传球（5），然后一次触球回传给CM（6），然后再次接CM的回传球（7）。EM/FB运球回撤约5米后沿另一边线向前运球，面向中心线传球给A（8），A一次触球给CM（9），CM传出关键球给边路下底的EM/FB（10），EM/FB传中给A（11），A抢点完成进攻（12）。

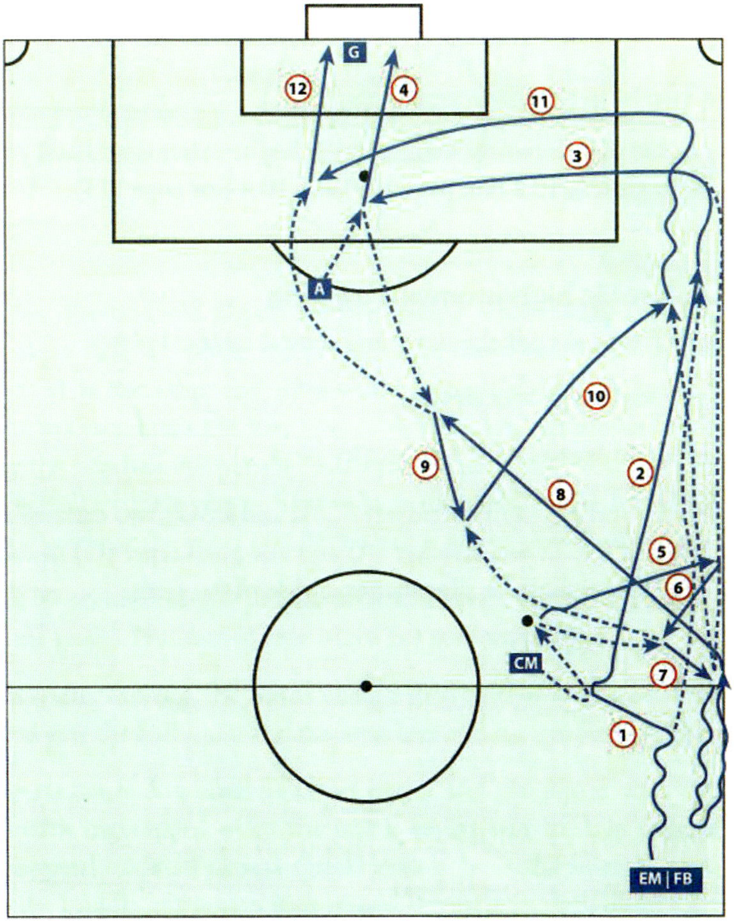

图5–3

间歇： 25～30秒的练习间歇2分半钟的休息（休息时另外3名球员进行练习，把球捡回起始位置）。重复次数：6～10。

练习变化： 在第三次传球给外围 EM/FB后（7），CM试着阻止球员向前运球和传球给A（8）。如果CM持球后运球进入罚球区则练习停止，如果EM/FB成功传球给了A，A接停球后再分边给EM/FB，EM/FB再传中给A（前锋），A抢点完成进攻。

执教提示： EM/FB在整个练习中必须以最高强度训练。EM/FB必须在第一次传中后立即回跑，并且CM必须通过抢球来给EM/FB施加压力，以使EM/FB必须以最大速度跑动来获得球权。运球也必须以最大速度完成。这种变化需要更大的努力以及EM/FB的额外运动。

有氧高强度训练

关于边前卫其他有氧高强度训练，参见训练4.6、训练10.2和训练10.4。

训练5.3—有氧高强度训练

目标球员： 边前卫和中前卫。

其他球员： 守门员和前锋。

练习场地： 约50米×40米的场地加2个罚球区。

练习组织： 每队设置2名中前卫（CM1和CM2），2名边前卫（EM1和EM2），1名前锋（A）和每队1名守门员（G，图5-4）。约8个球放在球门两侧。

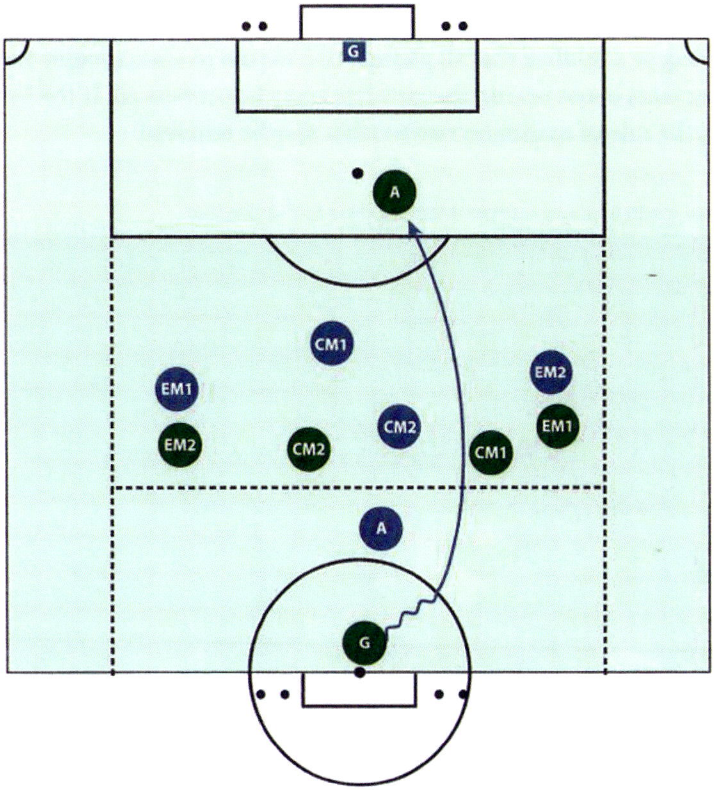

图5–4

练习说明：中前卫进行有氧高强度训练。前锋必须位于罚球区内。当G将球抛给另一边的A时练习开始，然后进行正常的比赛。另一端的G不能干扰A的第一次控球，同时A在第一次接球后也不可以直接射门完成进攻。所有球员最多2次触球。每次G持球时，所有的中前卫必须收缩到中间区域，然后G再将球抛给另一边的前锋。如果球出界了，G重新开球。

间歇：90秒的练习间歇45秒的休息（将球捡回球门）。每组重复次数：6～10。

练习变化：射门得分后，两支队伍改变进攻方向，即得分的队伍再次持球，前锋和守门员换队。

执教提示：A作为目标球员，当球传出给A时，整个球队应该高速向前移动支援A。EM应该主要站在两边，但也可能在进攻阶段跑向中路。这种变化将更多地注重从进攻到防守的转换，反之亦然。

强度变化：如果练习强度太低，可以将场地的长度扩大，或者所有球员必须通过中线得分（如果防守方没有退到中线后面则双倍得分）。如果强度太高，可以去除最多两脚触球的规定。

边前卫通常贴着边线运球。

6. 中前卫

防守型中前卫有着很大的灵活性，但他们主要承担防守角色，而他/她们的进攻参与程度主要是根据球队战术体系的需要。他们的主要作用是保护中后卫身前的区域。此外，他们也起到将球员串联的作用，他们通常是球队由守转攻的第一站。这个位置上的球员通常运动强度较大，并具有良好的对抗能力，且有很好的专项技术。尼日利亚球员迈克尔·埃辛（Michael Essien）和荷兰球员尼格尔德·容（Nigel De Jong）就是这样的球员。因为他们还有很重要的防守责任，通常这些球员不会进行大幅度的前插参与进攻。因此，他们的活动特征中有大量的短加速和很少的长距离冲刺（图6-1）。在一场比赛中，这些球员的发挥往往相对稳定，与边前卫相比，他们高强度运动后往往进行相对低强度的活动。当球队有2名防守型中前卫时，例如在4-2-3-1阵型中，这2名球员与4-1-4-1和4-4-2的菱形阵型中的防守型中前卫相比较，将承担更多的进攻任务。

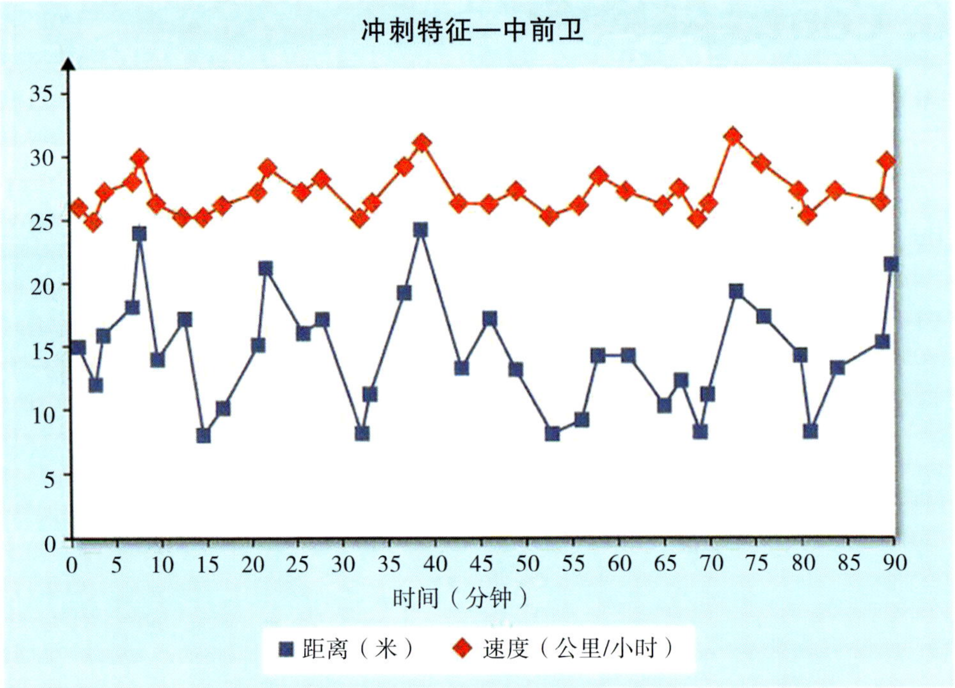

图6-1

一名英超中前卫在比赛中的冲刺概况（冲刺距离和峰值速度）。注意，超过20米冲刺的次数很少。

在一些球队中有3名中前卫，比如3-5-2阵型，甚至有的还有4名中前卫，比如菱形阵型4-4-2，有一些中前卫主要承担进攻任务。通常其中一名中前卫往往是组织核心，即他经常接后卫的球，然后组织进攻。尤文图斯队和意大利国脚安德烈亚·皮尔洛（Andrea Pirlo）就是这类球员的典型，与传统防守型中场相比，他在进攻型打法中扮演了不同的角色。位于防守型中场的左右2名中前卫通常是进攻型的，在攻防转换中往往是攻入罚球区的关键。切尔西队中场的弗兰克·兰帕德（Frank Lampard）就是这样类型的球员，在深入罚球区后打进了几个球。

在4-2-3-1或4-4-2菱形阵型中场，进攻型中前卫位于前锋之后。这个位置对体能要求很高，而且这些位置上的球员在Yo-Yo间歇性恢复测试中通常有很好的表现。图6-2显示了4-2-3-1阵型中不同位置球员的表现，这说明了进攻型中前卫和边前卫的得分最高。这些球员通常技术水平很高，而在高水平比赛中，像荷兰的威斯利·斯内德（Wesley Sneijder），以及德国的托马斯·穆勒（Thomas Mulleer）有时也会踢这个位置。

图6-2

显示在4-2-3-1阵型不同位置球员的表现。注意，进攻型中前卫和边前卫得分最高。

速度训练

关于中前卫其他的速度训练，参见训练4.1和训练4.2。

训练6.1—速度训练

目标球员：中前卫（进攻型）和前锋。

其他球员：守门员。

练习场地：半场加2个罚球区。

练习组织：1名中前卫（CM），1名前锋（A）和2名守门员（G1和G2，图6-3A）。约10个球，约15名A/CM轮流参与练习。两边同时开始练习。在一边练习进行一半时，另一边也开始练习。

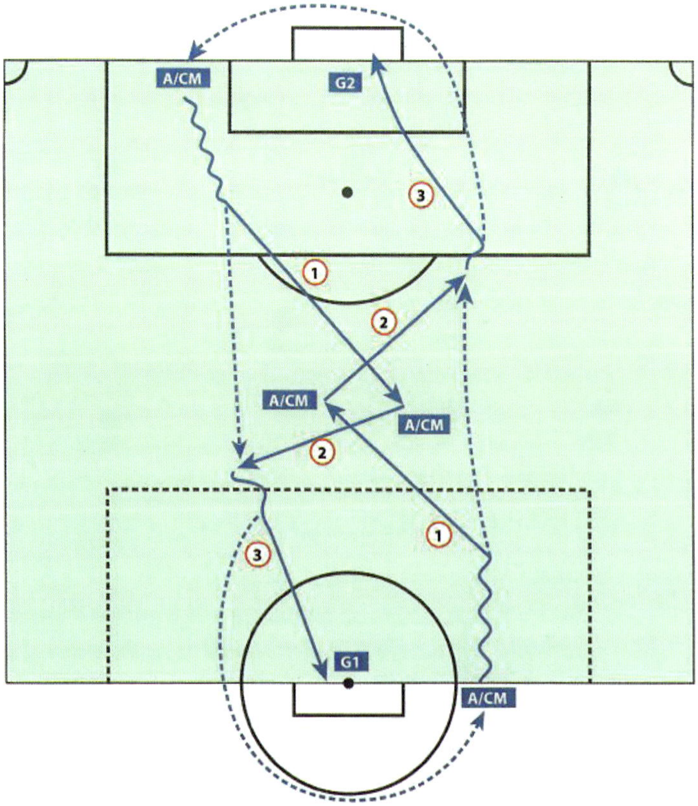

图6-3A

练习说明： 除了在中间的球员和守门员外，其他球员都进行速度练习。A/CM高速运球开始，然后传球给另一名A/CM（1），A/CM再回传给刚好以最高速前插到罚球区外接球的A/CM（2），然后完成射门。

间歇： 约4秒的练习间歇45秒的休息（此时其他球员可以进行练习，球需要捡回起始位置）。重复次数：10～15。

练习变化： 如图6-3B所示。在接到球后，中间的A/CM回传给A/CM（2），后者接球后传深球给前者（3），前者刚好在罚球区外接球完成射门。接下来练习里，运球出发的A/CM成为中间的A/CM。

执教提示： 在传球给中间的A/CM后，底线的A/CM需要冲刺跑上前。在练习结束前，底线出发的A/CM应该始终保持高速前进。如果轮换练习的球员少，要确保球员有足够的时间恢复。在练习变化中重要的是，中间的A/CM接第一次传球应靠近罚球区然后分边，以此保证冲刺的距离足够长，同时也能够将球传出。

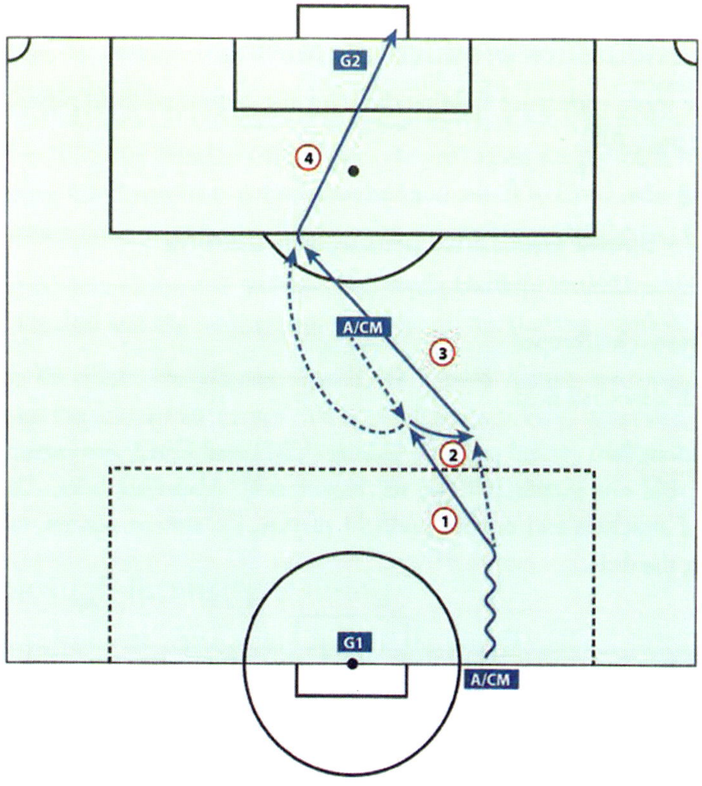

图6-3B

速度耐力生成性训练

关于中前卫其他的速度耐力训练，参见训练10.1。

训练6.2—速度耐力生成性训练

目标球员：中前卫和前锋。

其他球员：守门员。

练习场地：半个足球场。

练习组织：2名中前卫（CM1和CM2），2名前锋（A1和A2）和1名守门员（G，图6-4）。约6个球，约4组前锋和中前卫，即16名球员，轮流参与练习。

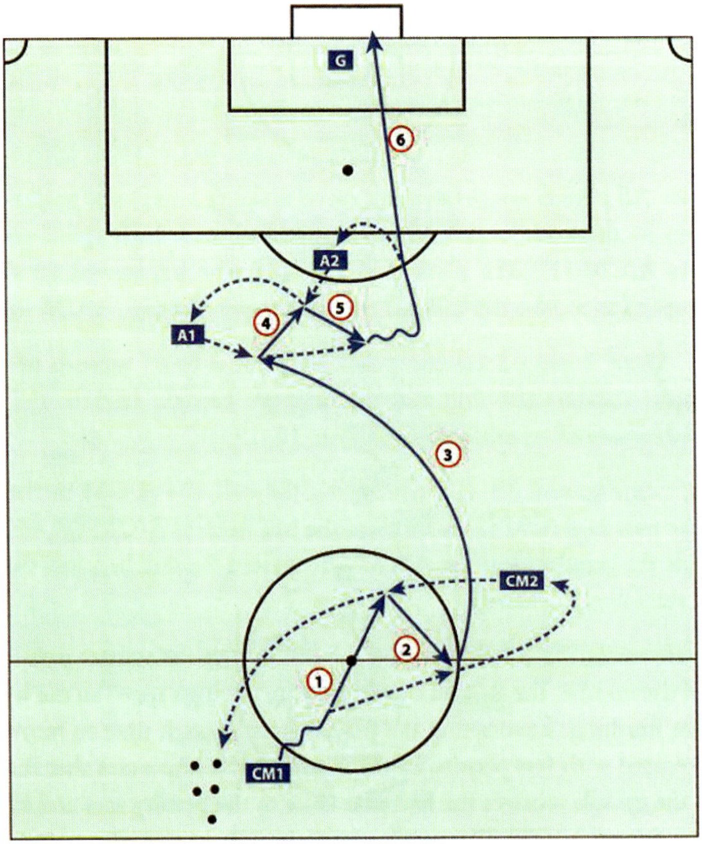

图6-4

练习说明：除守门员外，所有球员进行速度耐力生成性训练。练习由CM1高速运球开始，然后传球给CM2（1），CM2回传给CM1（2），CM1长传给A1或A2，A1或A2其中一人接球（腿、胸、头）后传给另一前锋（4），然后再次回传前锋完成射门。传球一结束，CM2就冲刺重新持球，传给来到CM2起始位置上的CM1。未射门的前锋接球，如此轮转。

间歇：30秒练习间歇3分钟的休息（此时其他3组开始练习，球需要捡回起始位置）。

执教提示：整个练习球员应该以最大强度参与练习，这意味着如果其他球员来争抢这个球，他们就可能需要跑得更远或者突然变向。此外，如果训练时传球失误，应立刻踢入另一个球继续练习。

有氧高强度训练

关于中前卫的有氧高强度训练，参见训练5.3、训练8.3、训练10.2和训练10.4。

7. 边后卫

大多数球队的边后卫都同时要兼顾防守和进攻。他们防守的主要任务是防守开阔区域，同时支援中后卫。他们的进攻角色是去发起进攻以及参与到边路进攻中，其主要是传中给前锋和进攻型中场。在顶级球队中，我们可以看到很多不同类型的后卫，有的是防守型，有的是进攻型，如切尔西队的伊万诺维奇（Ivanovich）和巴塞罗那队的阿尔维斯（Dani Alvez），各自有着不同的能力、球风和战术角色。图7-1显示了一名左边后卫和一名右边后卫，在进攻半场几次长距离冲刺的所有路线。这些路线对球员场上表现也有影响，当比赛右边后卫高速奔跑防守达到2400米时，左边后卫的距离已达到3600米。

在接下来的章节中，我们会列举边后卫的速度、速度耐力和有氧高强度训练的例子。

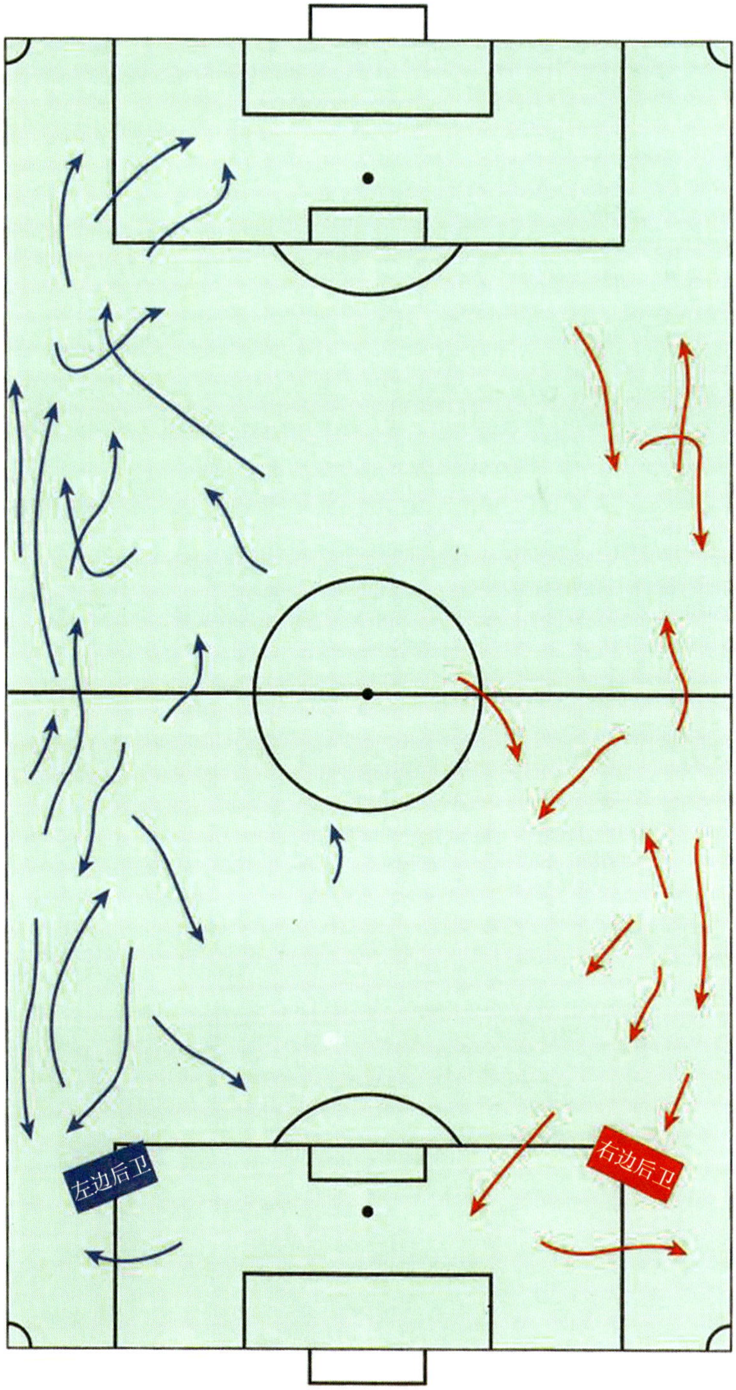

图7-1

上半场比赛中一名右边后卫（红线）和一名左边后卫（蓝线）所有的冲刺路线。

速度训练

关于边后卫其他的速度训练，参见训练5.1。

训练7.1—速度训练

目标球员：边后卫/边前卫和前锋。

其他球员：中前卫和守门员。

练习场地：半个足球场。

练习组织：1名边后卫/边前卫（FB/EM），1名前锋（A），1名中前卫（CM）和1名守门员（G，图7–2）。约6个球。约5名FB/EM和A轮流参与练

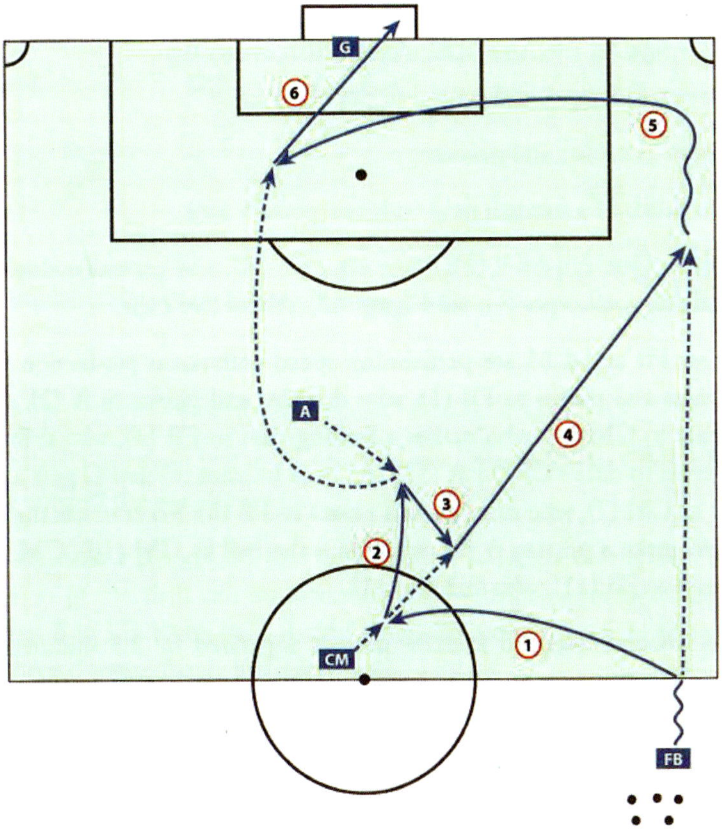

图7–2

习。训练可以两边交替进行。

练习说明：FB/EM和A进行速度训练。练习由FB/EM高速运球开始，然后传球给CM（1），CM传球给接应的A（2），A随后立刻回传给插上的CM（3），CM接球后分给边路插上的FB/EM（4）。传球后，A转身全速跑向罚球区，接FB/EM的传中（5），完成射门（6）。

间歇：约4秒的练习时间间歇45秒休息（此时其他球员可以参与练习，球需要捡回起始位置）。每组重复次数：10～15。

练习变化：FB/EM传给A，A传给CM，CM再传球给 FB/EM。

执教提示：FB/EM开始练习传球给CM后，必须冲刺跑动，在A传球给CM之后同样也必须冲刺跑。FB/EM必须全速运球直到出现合适的传中给A的时机。如果A很难及时进入罚球区，A的起始位可以靠近球门，或者改变训练方式。

速度耐力生成性训练

关于后卫其他的速度耐力训练，参见训练5.2和训练10.1。

训练7.2—速度耐力生成性训练

目标球员：边后卫和中前卫。

其他球员：前锋和守门员。

练习场地：一块2/3的足球场，一个罚球区。

练习组织：1名后卫（FB），1名前锋（A），1名中前卫（CM）和1名守门员（G，图7–3）。约5个球。

练习说明：FB和CM进行速度耐力生成性训练。CM开始运球，传球给接应的FB（1），FB运球传给侧向接应的A（2）。A短传给上前接球的CM（3），CM一脚关键传球传给边路插上的FB（4），FB运球然后传中给CM或A（5）。CM或者A完成射门（6），然后守门员抛发球给CM（7），CM运球后传球给FB（8）。FB控球、运球后传球给A（9），A传球给CM（10）。CM一脚关键传球给内切跑位的FB（11），FB射门完成练习（12）。

间歇：大约25秒的练习间歇2.5分钟的休息。每组重复次数：6～10。

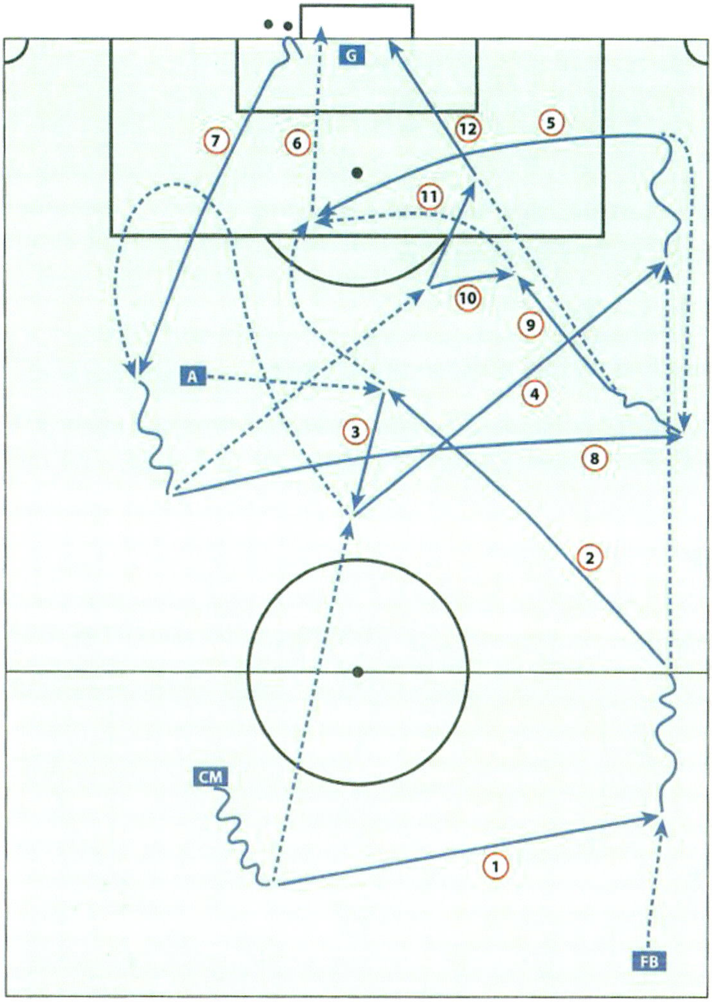

图7–3

练习变化：第九步练习变化为传纵深球给A，由A来完成传中给进到罚球区的CM或FB。

执教提示：FB和CM必须全程全速参与练习。如果CM在第八步传球给FB前再进一步运球回来，则训练的时间可以延长。多余的球应在场地周围放置，以便在传球失误后能立即投入新球。

有氧高强度训练

关于后卫其他有氧高强度训练，参见训练4.6和训练10.2。

训练7.3—有氧高强度训练

目标球员：边后卫和前锋。

其他球员：守门员。

练习场地：半个足球场加2个罚球区。

练习组织：1名边后卫（FB），1名前锋（A），2名守门员（G1和G2，图7-4）。2组球员（FB和A）同时进行训练。约10个球。

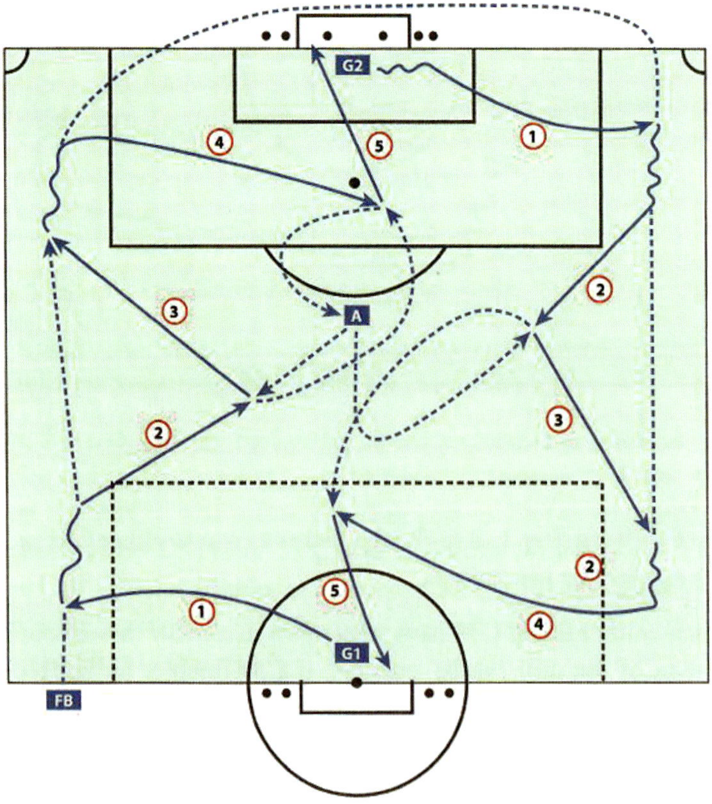

图7-4

练习说明：边后卫和前锋进行有氧高强度训练。FB接G1的传球（1），然后中速运球，传球给上前接应的A（2），A停球转身后，一脚关键传球至边路插上的FB（3），FB高速跑控球，随后传中给A（5），A高速插入罚球区完成抢点射门（6）。FB低速跑到另一边，A回到中间区域。G2用另一个球抛给FB，训练继续。FB和A在每一个练习期间进行3次循环。根据优势边的FB情况，训练可以设置成两边同时进行。

间歇：40秒×3个练习循环（大约2分钟）间歇1分钟休息。每组重复次数：5~9。

练习变化：A回传球给FB，FB传深球给高速插上的A，A刚好高速跑到罚球区外的位置接球完成传中，让高速奔跑的FB完成射门。然后2名球员都回到起始位置。

执教提示：A和FB应该准确地跑动和传中，使A能及时在罚球区接到球。同样，在练习变化中A应及时传球给FB，使FB刚好能在罚球区外完成射门。

强度变化：FB传球给A时的位置（2）可以确定练习的总体负荷。如果FB过早传球，则A需要更长的高速跑和更高强度的练习，反之亦然。

TEA

8. 中后卫

中后卫的主要作用是防守球员和盯防对方的一名前锋。在大多数球队中，中卫也参与组织进攻，他们通常从守门员那里接球，因此他们需要一定的技术去分球组织进攻。最常见的是场上有4名防守球员，即4-4-2和4-2-3-1阵型，其中包括2名中后卫，理想情况下应该一边是用右脚的球员，一边是用左脚的球员。但至少他们中一名能具备斜传去撕开对方的防线。在3-5-2阵型中，有3名中卫并且外面的球员应该有运球向前推进和在压迫下控球的能力，同时寻找机会传球深入对方防线。中卫经常参与到定位球的主罚中，而当球权丢失时，他们可能需要更长时间的快速回跑。

在接下来的章节中，我们将列举中卫的速度、速度耐力训练和有氧高强度训练的例子。

速度训练

训练8.1—速度训练

目标球员：中后卫。

其他球员：中前卫。

练习场地：半个足球场。

练习组织：1名中后卫（CD）和1名中前卫（CM，图8-1）。约3个球，约4名中后卫轮流参与练习。

练习说明：CD进行速度训练，而CM主要负责传球。CM传高球给CD（1），CD将球解围出去（2）。CM然后往一边的深处传球，因此CD必须进行20～30米的冲刺（3）。CD在接到球传给CM之前，最多只能3次触球，然后交换位置。

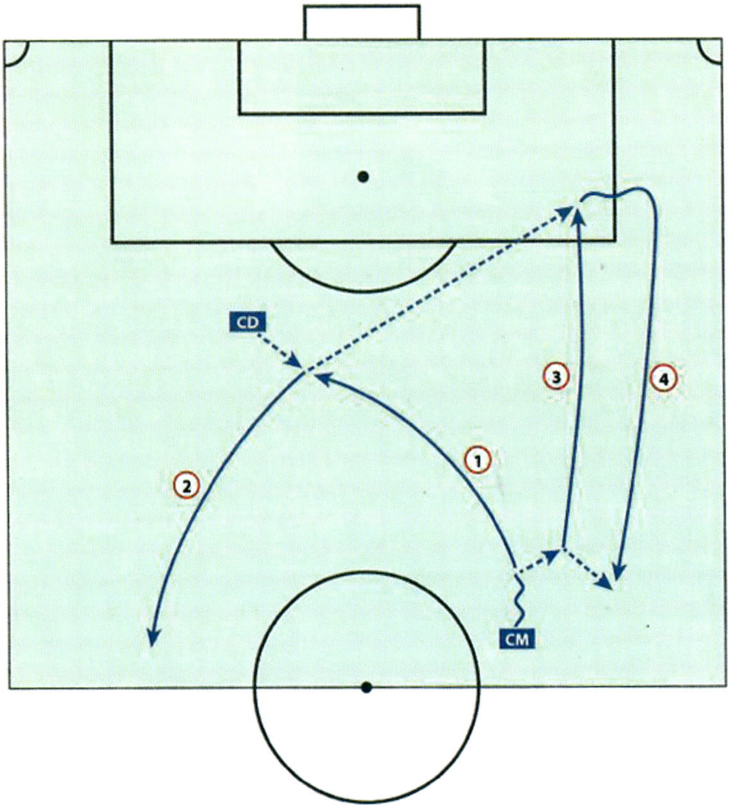

图8-1

间歇：4～6秒的练习间歇45～60秒的休息（此时其他球员可以进行训练，球需要捡回到起始位置）。每组重复次数：10～15。

练习变化：a）CM第二个球也可以传到中线。b）CD第一球回传给CM，CM第一时间传纵深球。

执教提示：CD一解围出第一个球就必须加速冲刺以便接到另一个球。当接到第二个球时，CD必须迅速传给CM，CM的位置应当不断变化以增加CD的挑战性。在练习变化a中，CD必须保持警觉，如果球被传到中线，他必须向前冲刺去拿球。在变化b中，CD一将球回传给CM就必须立即向前跑，当CM第二次传纵深球时必须迅速转身。

速度耐力生成性训练

关于中后卫其他的速度耐力训练，参见训练4.5和训练10.1。

训练8.2—速度耐力生成性训练

目标球员：中后卫。

其他球员：中前卫（进攻型）和守门员。

练习场地：1/3的球场，1个罚球区。

练习组织：1名中后卫（CD），1名中前卫（CM）和1名守门员（G，图8-2）。约3个球，约4名中后卫和2名中前卫轮流进行训练。

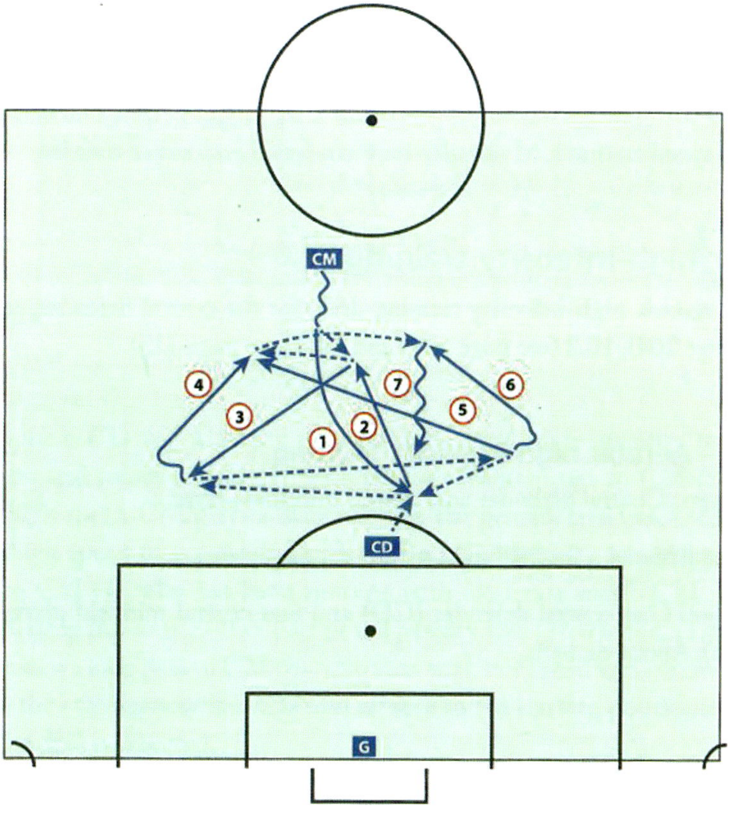

图8-2

练习说明：CD进行速度耐力训练，而CM在练习的最后发动快速的进攻。CM传高球给CD（1），CD接球回传（2）。CM向罚球区一边的角周围分球（3），然后CD冲刺跑去接球并运球回传（4）。CM接球后将球踢到罚球区的另一侧角周围（5），CD跑动接球并运球回传（6）。当CM接到球后，迅速运球推进尝试射门得分（7），同时CD要保护球门。

间歇：25～30秒的练习间歇3分钟休息（此时其他球员可以进行训练，球需要捡回起始位置）。每组重复次数：6～10。

练习变化：CD的第四步球传到CM身后，CM转身持球。CD压上跟防CM，CM持球后运球进攻，CD试着阻止CM。

执教提示：CD在整个练习中必须是以最高强度参与练习。CM运球时一定不能减速，必须一直保持向前。为了激励CD去阻止得分，所以要记录进球数。如果训练时人少，要确保球员有足够的时间恢复。在练习变化中CM应该持球后高速运球，这样CM也可以达到速度耐力训练的效果。

有氧高强度训练

关于中后卫其他的有氧高强度训练，参见训练9.3、训练10.2和训练10.4。

训练8.3—有氧高强度训练

目标球员：中后卫和中前卫。

练习场地：3/5的足球场，1个罚球区。

练习组织：1名中后卫（CD）和1名中前卫（CM，图8–3）。大约6个球。

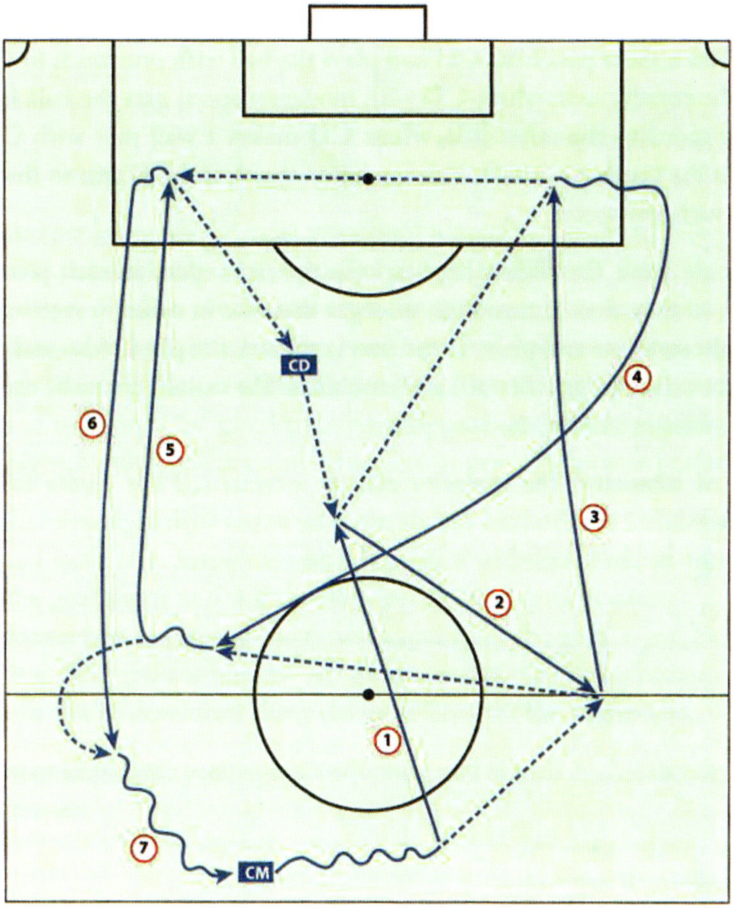

图8-3

练习说明：CD和CM进行有氧高强度训练。CM运球并传球给上前接应的CD（1），CD传出关键一球给CM（2）。CM高速奔跑，接球后一脚深传球到罚球区内（3），CD高速奔跑持球，然后 CD运球后斜传给CM（4）。CM在此之前以中速跑动。CM运球后传深球到罚球区的另一边（5），CD接球后长传至低速跑动的CM（6），CM控球回到起始位。CD也慢跑回到起始位，重复进行训练。

间歇：90秒的练习间歇45秒的休息。每组重复次数：6～12。

练习变化：在第三步后，CM不跑向另一边，而是上前接CD的短传，随后一脚传球至罚球区另一侧，CD中速奔跑接球。CM慢跑到另一边，CD与CM完成一次撞墙式传球配合，CM中速跑回起始位，同时CD也慢跑回到起始位。

执教提示：球员在练习的每一个阶段要保证适宜的速度节奏，因此他们可能有时为了在合适的时机和地点接到球，而跑动得更远。如果传球失误，准备接球的球员重新持球，训练继续。如果CD长传遇到困难，训练方式可以进行变化。

强度变化：如果传球距离更长，强度也将会增加，尤其是球员必须高速奔跑的第二步（2）和第三步（3）。同样，也可以通过缩小传球距离而减少强度。

9. 守门员

守门员是球队中最重要的球员之一，需要特别注意的是守门员的要求与外场球员的要求非常不同。快速反应和突然移动是守门员的基本要求，但是守门员同样也需要一般的耐力能力，以便除了完成其他任务外，还能全程保持注意力集中。第一部分可以通过速度训练和速度耐力训练来提高，而有氧高强度训练可以用来提高耐力水平。

守门员和后卫要密切配合，并理解彼此的行动是非常重要的。书中提到的许多训练都包括了守门员，这将发展守门员的具体方面的能力，但都没有注重提高守门员的体能。然而，在本章节中，介绍3个提高守门员体能水平的训练。守门员可以通过这样的方式进行更多的训练。

下面是守门员速度、速度耐力和有氧高强度训练的例子。

速度训练

训练9.1—速度训练

目标球员：守门员。

其他球员：中前卫。

练习场地：1/3的足球场。

练习组织：1名守门员（G）和1名中前卫（CM，图9-1）。大约6个球，约3名守门员轮流进行练习。

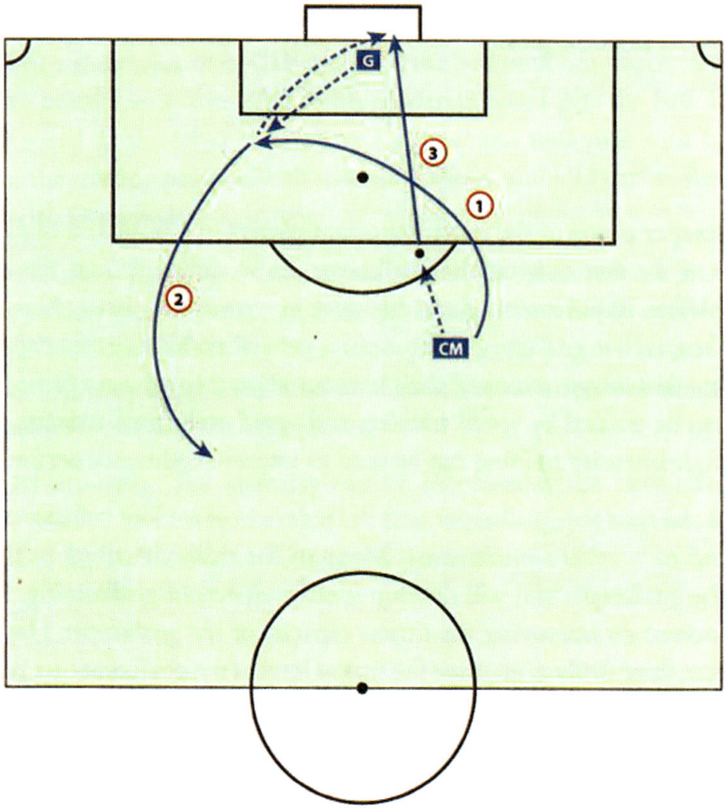

图9-1

练习说明：G进行速度训练。（1）CM传高球到罚球区（在球门区外），G将球拳击出罚球区（2）。然后CM射门（3），G回到门前位置进行扑救。

间歇：大约4秒的练习间歇45秒的休息（此时其他2名守门员可以进行训练，球需要捡回起始位置）。每组重复次数：10～15。

练习变化：CM在中间传球给G。G全速奔跑接球回传给CM，CM第一时间轻踢球超过G，G全速奔跑回撤，回到球门进行防守。

执教提示：G必须全速去接第一个球（CM必须给G增加挑战难度），在拳击球后立刻回撤到球门前。CM射门必须射向远角，而且射门的球速要保证G能够跳起拳击到球。练习变化集中在减速和向后加速。G应该在触球后立刻回撤。

速度耐力训练

训练9.2—速度耐力训练

目标球员： 守门员。

其他球员： 前锋。

练习场地： 半个足球场包括罚球区，加中圈外一个的方形区域（约3m×3m）。

练习组织： 1名守门员（G）和1名前锋（A，图9-2）。大约5个球。3名守门员轮流进行练习。

练习说明： A运球射门，G进行扑救（1）。A跑向另一个球，随后传深球，刚好在球门区外（2），G跑向球并将球踢至方形区域（3），或者安排

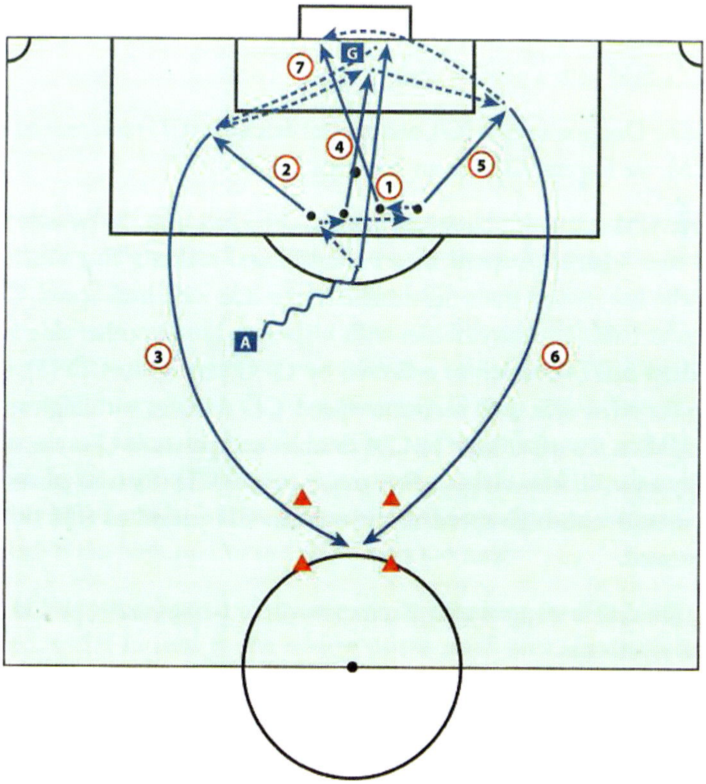

图9-2

第三个球员在这个位置接球。A跑向中间再次完成射门，G进行扑救（4）。A向球门区一边的角落踢出一个球（5），G倒地扑接球，起身后抛向方形区域（6）。A再次跑回中间，向球门的另一侧射门，G进行扑救（7）。

间歇：30秒的练习间歇3分钟的休息（此时其他2名守门员可以进行练习，球需要捡回起始位置）。每组重复次数：4～7。

练习变化：a）G踢2个球到一边（用左腿和右腿）。b）在射门后，A可以自由决定下一个球的方向。

执教提示：G整个训练必须以最大精力投入。除了第一次射门，A在接下来两次射门前必须给G时间去扑救。A需要将球射向守门员上前相反的方向，并且不要做假动作。如果训练时间太长（超过35秒），最后一次射门可以取消，在G回到中间或者G抛出球后，训练结束。练习变化a）的技术要求较高，体能要求较少，因为G必须在高压下进行左右脚传球。在练习变化b）中，G必须更加警觉。

有氧高强度训练

训练9.3—有氧高强度训练

目标球员：守门员、中后卫和中前卫。

练习场地：半个足球场，包括1个罚球区。

练习组织：1名守门员（G），1名中后卫（CD）和1名中前卫（CM，图9-3）。大约5个球。

练习说明：CM运球开始，传直线球至罚球区（1），G高速跑出接球，一次触球给从中间高速移动到边路的CD（2）。CD转身传球给前插的CM（3），CM高速运球到另一侧，再次传一个纵深球（4），G跑出拿到球。G将球抛给中速移动另一侧的CD（5）。CD高速运球然后传给另一侧的CM（6）。CM运球后传球给罚球区中央的G（7），G一脚传递给上前接应的CD（8），CD转身传给高速移动到中间区域的CM。CD传球给CM（9），练习重复。

间歇：练习持续2分钟，组间休息1分钟。重复次数：5～8。

练习变化：CM传高球到G，G拿住球后立刻抛给CD。

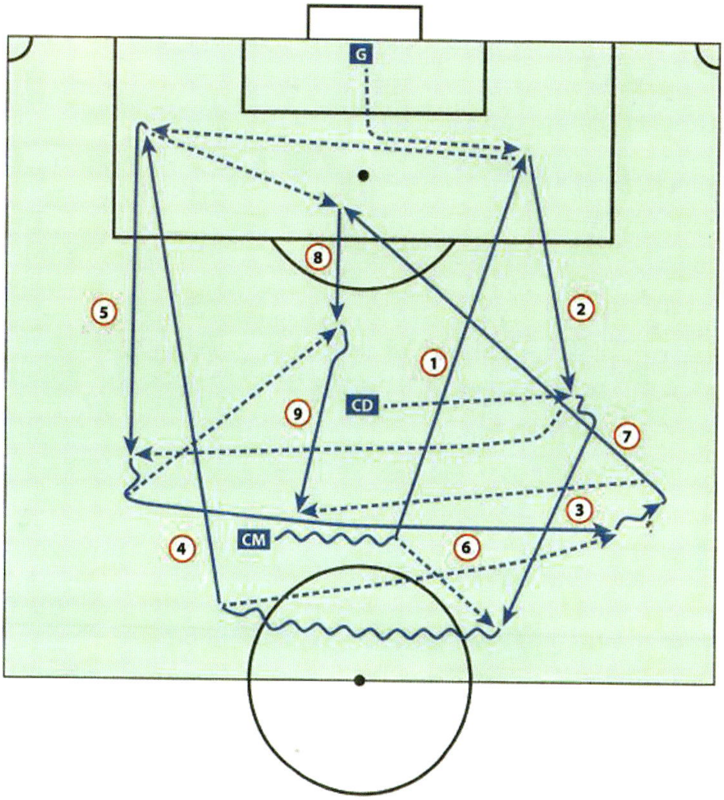

图9-3

执教提示：G、CD和CM应该交替进行中速和高速运动。长距离奔跑和触球时通常需要高速奔跑，而球员在短距离跑中主要是中等强度的跑。球员应该避免过早地跑到接球的位置，如果他们意识到了这个问题，他们可以选择更长距离的跑动路线。G的跑动可能有所不同，更多的是侧向移动、后退跑和其他有关守门员的活动。在变化训练中，G还会有额外的压力，因为他需要及时抓住球。罚球区应该预备好额外的球，以备如果CM传给G的高远球出现失误，G可以重新拿球继续练习。

强度变化：通过更长距离的高速奔跑可以提高训练强度，另外如果G在完成每个动作后都能迅速跑回到球门区中间再跑至新的位置，这也会增加训练强度。

10. 组合训练

下面介绍的一些内容涉及了3种以上不同类型球员的速度耐力训练和有氧高强度训练。

速度耐力生成性训练

训练10.1—速度耐力生成性训练

目标球员：中前卫、边后卫、边前卫和前锋。练习变化b）：加边后卫、中后卫和中前卫进行防守。

其他球员：守门员。

练习场地：足球场半场。

练习组织：1名中前卫（CM），2名边前卫或边后卫（EM/FB），1名前锋（A）和1名守门员（G，图10-1A）。在场地中圈约有6个球。球员可以两边同时进行练习。

练习说明：除守门员外，所有球员参与速度耐力生成性训练。CM冲刺返回持球（1），并迅速传球给EM/FB（2），EM/FB 运球推进（3），然后传球给A（4），A再分边给EM/FB（5），EM/FB 接球后运球（6），然后下底传中给A或另一边的EM/FB（7）。两边的球员都以最快速度进入罚球区，同时CM也冲刺到了罚球区线上，以便在球被扑出来时可以完成补射。一次进攻结束后，所有球员冲刺回起始位置，CM传球给对方的EM/FB 进行下一次练习。这样另一组球员可以进行练习。

间歇：30秒的练习间歇2分30秒的休息（球需捡回起始位置休息，休息时其他3组可以进行练习）。

练习变化：

a）EM/FB 传球给A后再进入场地，并在A的内侧接球再传给另一边的EM/FB 。EM/FB 接球射门，两边的EM/FB 和A在墙式配合后高速跑入罚球区完成可能存在的补射。重复练习。

b）3名后卫（2名边后卫和1名中后卫）和1名中前卫参与进来防守。中后卫盯防A，2名边后卫防守两边路，而中前卫防守中路（图10–1B）。进攻球员可以决定他们是进行基础训练还是练习变化a。除了传中和墙式配合外球不可以回传。当防守者断球后，每次接球最多可两次触球，尽可能快地将球带到中线停下。

执教提示：除守门员，所有球员在CM分边给EM/FB 后，都要以最快速度进行包抄抢点。传中球员和对方的EM/FB 可以通过额外的跑动进行最快的速度交叉抢点（掌握时机）。练习一完成，所有球员必须以最快速度跑回到起始位置，直到CM再次发球进行轮换练习。在练习变化a中，EM/FB 和A之间做墙式配合通常在传球给另一边的EM/FB 后，并且应该鼓励他们进入到罚球区。

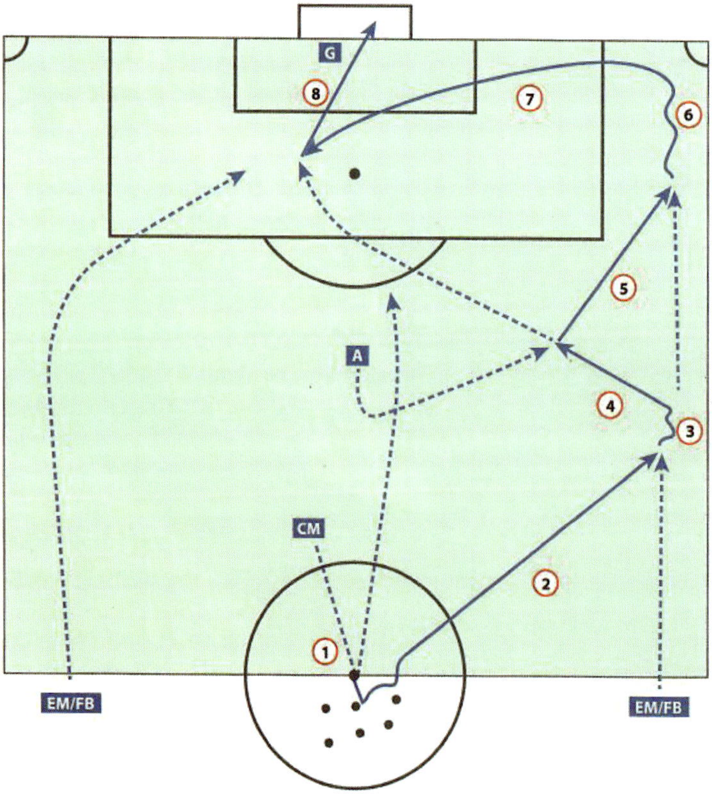

图10–1A

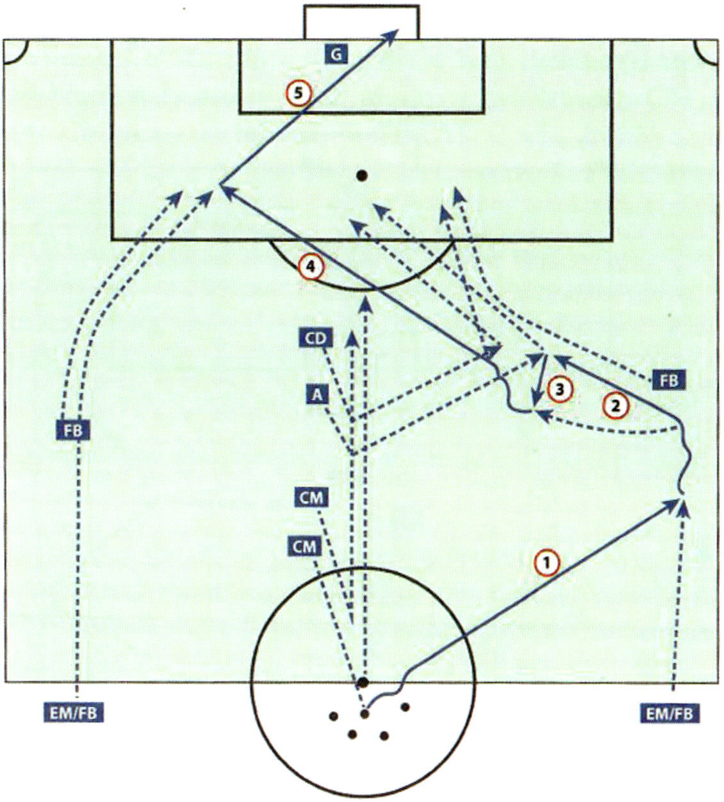

图10-1B

练习变化b将给进攻球员带来更多的挑战，他们可能会因为害怕失误而慢下来，但是他们应该挑战他们自己并进行高强度的练习。当失球后，他们应该尽最大努力去夺回球权，这是为了从速度耐力训练中受益。练习变化b也注重于攻防转换。

有氧高强度训练

训练10.2—有氧高强度训练（1）

目标球员：中后卫、边后卫/边前卫、中前卫和前锋。

其他球员：守门员。

练习场地：3/4的足球场。

练习组织：1名中后卫（CD），1名边后卫/边前卫（FB/EM），1名中前卫（CM），2名前锋（A1和A2）和1名守门员（G，如图10-2）。两边约放10个球。练习可以两边同时进行。

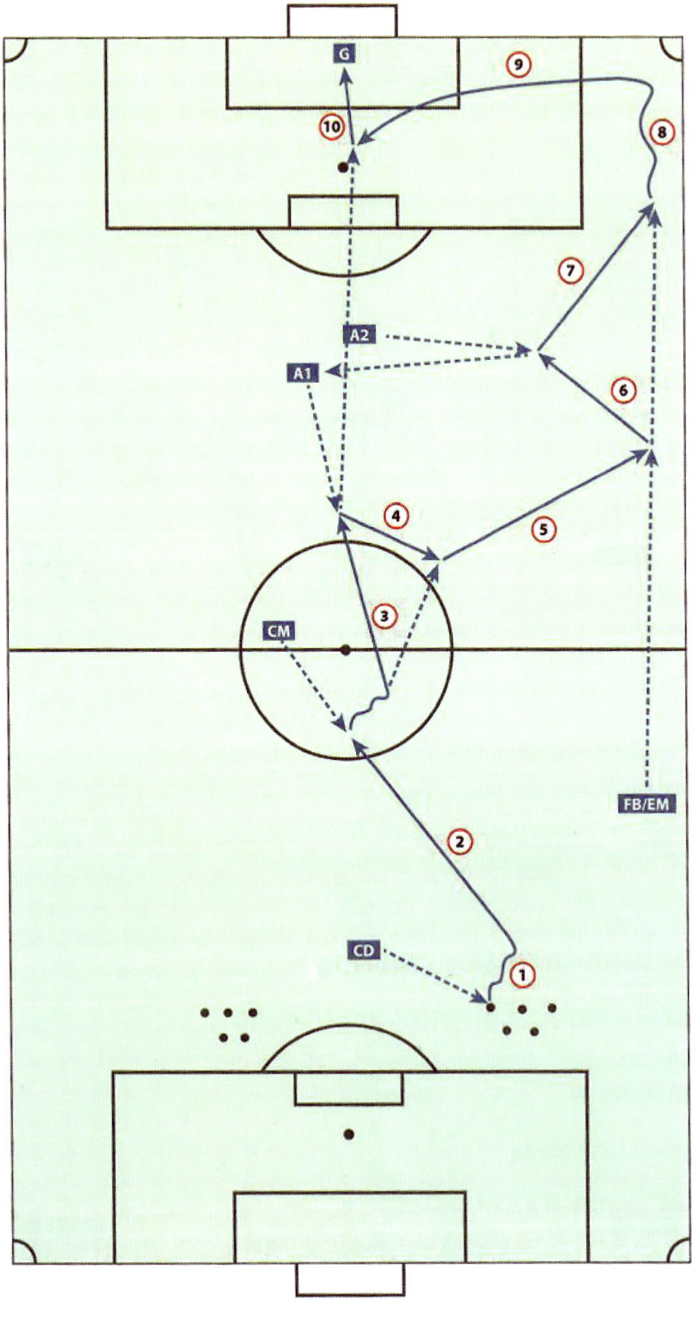

图10-2

练习说明：除守门员外，所有球员进行有氧高强度训练。CD跑动持球后运球开始（1），然后传球给CM（2），CM接球后变向并传球给A1（3），A1再回传给跑到另一位置上的CM（4）。CM分边给FB/EM（5），FB/EM接球后运球并传球给A2（6），A2一脚传深球（7），FB/EM运球（8），然后下底传中给A1（9），A1完成抽射或头球攻门。A2回到A1的起始位置。当FB/EM传中后，便跑到另一边持球开始下一次练习，并且球员换到如图所示的新球员位置上。接球和持球时的动作应该在高速的条件下进行，而回撤则以中等速度进行。球员练习在左侧还是右侧进行，这取决于哪些球员参与训练。

间歇：3分钟的练习时间间歇1分钟的休息（休息时，球员应该将球捡回到起始点位置）。

练习变化：a）A2也参与传中球抢点，这要求A不需要完成高速跑回接CM的球。可以增加第三名前锋。b）当FB/EM回到起始位置后变成一名防守球员，即FB/EM必须传球给返回与A2完成墙式配合的FB/EM。

执教提示：球员在接球前和持球时几乎都是最快速度，这点很重要。球员不应该站着不动，所以如果他们在回到起始位置准备进行新的练习时，应该做一些有球或无球的相关活动。练习变化a）提高了对2名A的要求，练习变化b）提高了FB/EM传球和跑动的质量。

强度变化：如果中后卫更早地开始一个新球，则强度能够增加，例如，当FB/EM传球给A2时（6），在这种情况下引入第三名前锋可能是有用的。

训练10.3—有氧高强度训练（2）

目标球员：中后卫、边后卫/边前卫、中前卫、前锋和守门员。

其他球员：守门员。

练习场地：1个足球半场。

练习组织：1名边后卫（FB1），1名边后卫/边前卫（FB2/EM），2名中前卫（CM1和CM2），3名前锋（A1,A2和A3）和2名守门员（G1和G2，如图10-3所示从右边开始）。约5个球。练习可以两边进行。

练习说明：所有的球员进行有氧高强度训练。G1开始通过跑动持球并传给 FB1（1），然后G1回到球门，FB1运球推进传给A1（2），A1再传给CM1（3）。CM1几次触球后踢高球长传给FB2/EM（4），FB2/EM运球再传给A2（5）。A2在回传给CM2之前进入场地（6），CM2传高远球给 FB2（7）。FB2运球下底传中给A2（8），A2完成射门（9）。G2、EM和A3分别取代G1、FB2和A2的各自位置。G2在FB2传球（第五步）时开始传另一个球（5），并且G2作为守门员继续参与练习。然后G1开始传下一个球，以此类推。在每次练习（3分钟）后，FB1、CM1和A1轮换FB2、CM2和A2/A3。接球和持球时的

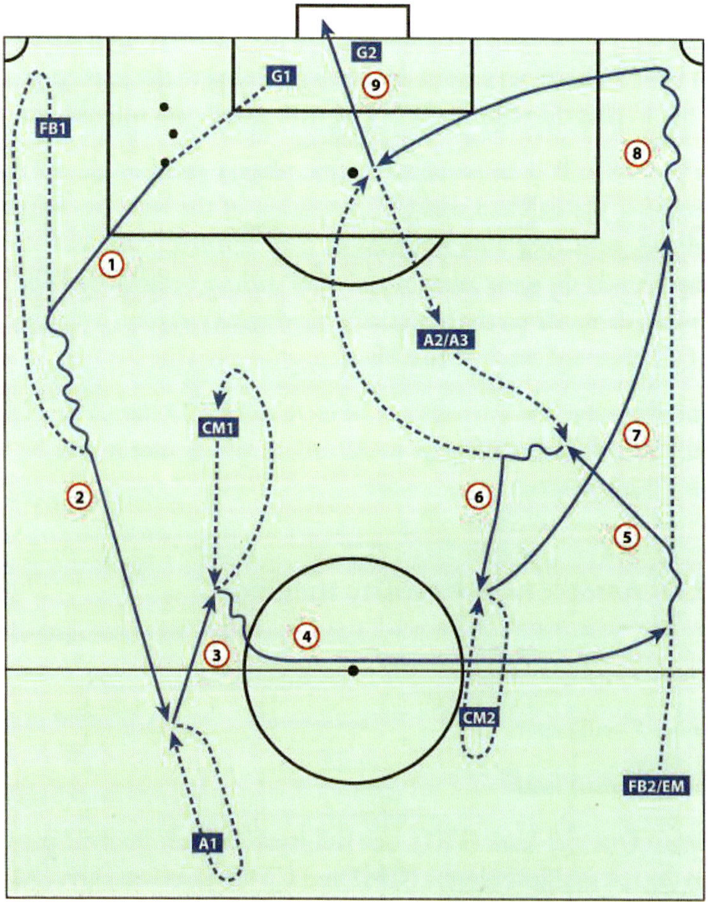

图10-3

动作应该在高速的条件下进行，而回撤则以中等速度进行。球员练习在左侧，还是右侧进行，取决于哪些球员参与训练。

间歇：3分钟的练习间歇1分钟的休息（休息时，球员应该将球捡回到起始点位置）。

练习变化：a）CM1在长传球给FB2前先与CM2做一个墙式配合。b）A3和A2一起前插抢点FB2的传中球。另外还应该包括另一名前锋，当2名前锋去抢点时他应该跑动包后点。

执教提示：球员在接球前和持球时几乎都是最快速度，这点很重要。球员不应该站着不动，所以如果他们在回到起始位置准备进行新的练习时，应该做一些相关移动，如在接球前先躲开。练习变化a）将增加CM2的作用，练习变化b）提高对前锋的要求，他们应该确保每次都能跑到罚球区。

强度变化：如果守门员更早地开始一个新球则强度能够增加，如在中场一传球给FB2（第四步）时（4）。

训练10.4—有氧高强度训练（3）

目标球员：中后卫、边前卫、中前卫和前锋。

其他球员：守门员。

练习场地：半个足球场。

练习组织：1名中后卫（CD），2名边前卫（EM1和EM2），1名中前卫(CM)，2名前锋（A1和A2）和2名守门员（G1和G2），（如图10-4左边所示）。约5个球。练习可以两边进行。

练习说明：除守门员外所有球员进行有氧高强度训练。G1开始跑向球并传球给CM（1），然后G1回到球门处，CM变向后传球给CD（2），CD运球推进传球给EM（3），EM在传球给A前运球进入场地（4），A回传球给EM（5）。EM运球再传给A（6），A传球给EM（7），EM完成射门（8）。G2、EM2和A2分别取代G1、EM1和A1的起始位置。G2在CD传球给EM1时开始发另一个球，然后CD再传球给EM2，EM2再传球给A2，G2作为守门员继续参与练

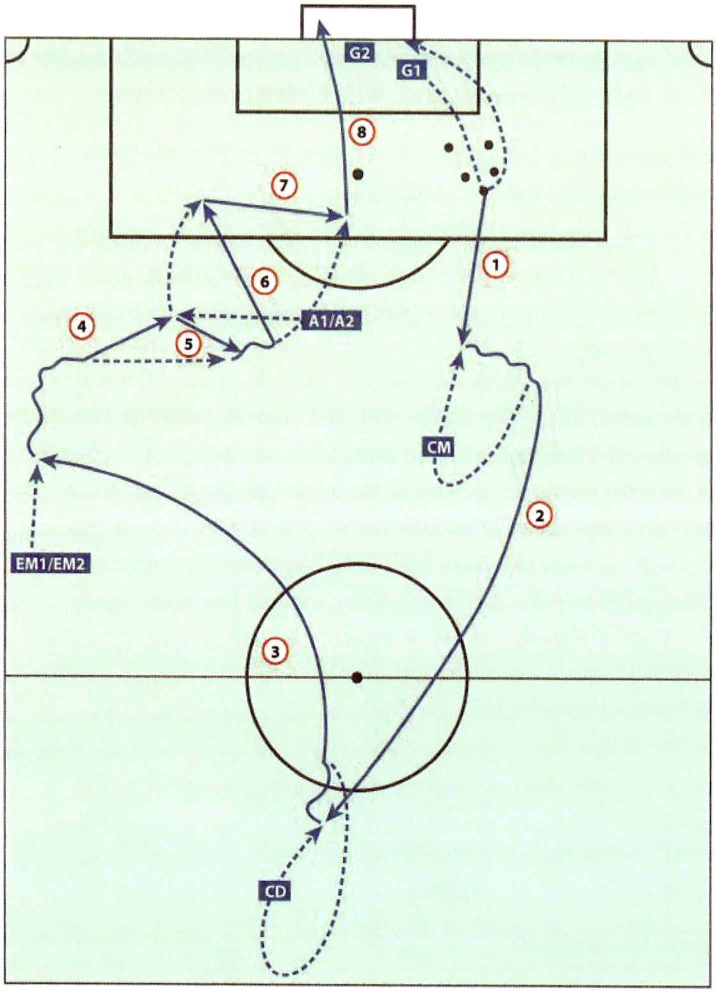

图10-4

习。然后G1开始发下一个球，以此类推。接球和持球时的动作应该在高速的条件下进行，而回撤则以中等速度进行。练习是在左侧还是右侧进行，这取决于哪些球员在参与训练。

间歇：2分钟的练习间歇1分钟的休息（休息时，球员应该将球捡回起始位置）。

练习变化：A也可以射门，然后边前卫进入罚球区做好补射准备。

执教提示：球员在接球前和持球时几乎都是最快速度，这点很重要。球员不应该站着不动，所以如果他们在回到起始位置准备进行新的练习时，应该做一些相关移动，如在接球前先躲开。在练习变化中，A必须决定射门还是分球给边前卫。

强度变化：如果守门员更快速发下一个球则强度能够增加，如在CM传球给CD时（2）。

AIG

11. 制订训练计划

个人训练可以在没有团队训练的时期进行，如在赛季外期间。此外，在康复期间，可以在受控的环境中进行高质量的体能训练。当团队一起训练时，个人训练计划应该考虑到团队训练。最好是在正常的训练课中进行个人训练，但这需要详细规划。或者，可以在团队训练课之前或之后或者在其他训练日进行训练。然而，应该根据球员的总负荷来调整训练。还应该强调的是，不同球员对相同训练内容的反应有很大差异。因此，应该随时准备改变或调整训练课计划，并且有时可能需要避免大强度训练，以便让球员能够在精神上和身体上得到休息。

本章介绍了一个为期10周的赛季前训练计划，其中前4周是个人训练，赛季开始前的最后6周是与球队的集体训练。此外，还将介绍赛季中一周双赛或一周3赛的个人训练建议。有关休赛期、准备期（赛季前）和赛季中的计划的详细信息，以及如何在减少训练期间保持体能水平，请参阅《足球有氧与无氧训练》一书。

准备期计划

表11–1中描述了一个为期10周的新赛季准备期计划。

前4周涉及以个人为基础的训练，目标是为下一阶段的训练奠定基础。训练可以每周进行2～3次，包括有氧中强度和有氧高强度训练。如果球员有力量训练的需要，每周也可以进行2～3次。每次训练课开始都应该进行一个约10分钟的热身活动，包括整个身体的低强度和中等强度练习。理想情况下，进行本书中的练习应该具体到球员在场上的位置，但是如果无法使用场地，可以尝试跑步训练，而且最好是使用球员位置上的典型动作。

在准备期的6周里，我们假设球员正在与球队合练。否则，球员必须通过技术训练来补充体能训练，最好是与其他球员一起训练。在开始的几周内，我们建议进行速度和速度耐力训练。在赛季前7～9周的训练计划中，重点是强化训练，并且力量训练减少到一周2次。在赛季开始前的最后一周（第十周），训练总量显著减少，只进行一次力量训练。

表11-1　为期10周的准备期训练计划，注意前4周是以个人为基础的训练

准备期个人训练							
周/天	星期一	星期二	星期三	星期四	星期五	星期六	星期日
1	力量Ⓟ 有氧中强度 20分钟		力量Ⓟ 有氧中强度 30分钟		力量Ⓟ 有氧中强度 30分钟		
2	力量Ⓟ 有氧中强度 30分钟		力量Ⓟ 有氧高强度 6×3分钟 （1分钟休息）		力量Ⓟ 有氧中强度 30分钟		
3	力量Ⓟ 有氧高强度 6×3分钟 （1分钟休息）		力量Ⓟ 有氧高强度 30分钟		力量Ⓟ 有氧中强度 8×2分钟 （1分钟休息）		
4	力量Ⓟ 有氧高强度 8×2分钟 （1分钟休息）		力量Ⓟ 有氧高强度 6×3分钟 （1分钟休息）		力量Ⓟ 有氧高强度 10×1.5分钟 （1分钟休息）		
5	整体训练 15分钟	技战术训练 60分钟	休息	技战术训练 15分钟	技战术训练 60分钟	技战术训练 60分钟	休息
	有氧高强度 8×2分钟 （1分钟休息）			速度训练 10×2～3秒 （30秒休息） 有氧高强度 6×3分钟 （1分钟休息）		速度耐力 训练 4×25秒 （2.5分钟 休息）	
	技战术训练 20分钟					技战术训练 15分钟	

（续表）

准备期个人训练							
周/天	星期一	星期二	星期三	星期四	星期五	星期六	星期日
6	整体训练 20分钟	技战术训练 60分钟	技战术训练 15分钟	休息	技战术训练 15分钟	技战术训练 15分钟	比赛（友谊赛）
	有氧高强度 8×2分钟（1分钟休息）		速度耐力训练4×25秒（2.5秒休息）		有氧高强度 5×3分钟（1分钟休息）	速度训练 10×2~3秒（30秒休息）	
	技战术训练 25分钟		技战术训练 20分钟		技战术训练 25分钟	技战术训练 20分钟	
	力量Ⓟ		力量Ⓟ		力量Ⓟ		
7，8	技战术训练 60分钟	技战术训练 30分钟	技战术训练 20分钟	休息	技战术训练 30分钟	技战术训练 20分钟	比赛（友谊赛）
		有氧高强度 6×3分钟（1分钟休息）	速度训练 10×4~5秒（45秒休息）		有氧高强度 8×1.5分钟（45秒休息）	速度训练 15×2~3秒（30秒休息）	
			无氧耐力训练6×30秒（3分钟休息）				
		力量Ⓟ	技战术训练 20分钟		力量Ⓟ	技战术训练 20分钟	
9	休息	技战术训练 30分钟	技战术训练 20分钟	技战术训练 20分钟	技战术训练 45分钟	技战术训练 20分钟	比赛（友谊赛）
		有氧高强度 8×2分钟（1分钟休息）	速度训练 10×4~5秒（45秒休息）	无氧耐力训练 8×25秒（2.5分钟间休息）		速度训练 15×2~3秒（30秒休息）	
		力量Ⓟ	技战术训练 25分钟	技战术训练 20分钟		技战术训练 20分钟	
10	休息	休息	技战术训练 30分钟	技战术训练 15分钟	技战术训练 60分钟	技战术训练 20分钟	比赛（联赛）
			有氧高强度 8×2分钟（1分钟休息）	速度训练 10×4~5秒 45秒休息		速度训练 15×2~3秒（30秒休息）	
			力量Ⓟ	技战术训练 30分钟		技战术训练 15分钟	

■ 有氧中强度训练。 ■ 速度耐力训练。
■ 有氧高强度训练。 Ⓟ 力量训练。
■ 速度训练。

赛季中的训练

在赛季中，许多球员的表现都有所下降，其原因是体能训练没有保持在足够的水平（图11-1）。如果球员进行了大量的强度训练，如有氧高强度训练和速度耐力训练，则训练量可以显著减少。如果球员增加这些类型的训练，这可能会在赛季中提高他们的体能水平。图11-2显示了一个优秀的球队在进行为期12周，每周一次的有氧高强度训练30分钟后的效果。在Yo-Yo间歇性恢复水平2测试中的表现从840米提高到980米。同样，另一支优秀的球队在进行为期5周，每周30分钟额外的速度耐力训练后，测试表现从780米提高到860米。因此，应该定期进行大强度训练，并且应该使用本书提供的在特定位置上的练习。没有定期参加比赛的球员应该受到特别关注。在一个北欧联赛中，顶级联赛中的所有球员都进行了一个6分钟非力竭版的Yo-Yo间隙性恢复水平1测试，还包括心率的记录（参见第二章），并且将Yo-Yo间隙性恢复水平2测试贯穿于整个赛季中进行。研究表明，参与超过85%比赛的常规球员的测试表现要好于非常规球员，尤其是在Yo-Yo 间隙性恢复水平2测试中。

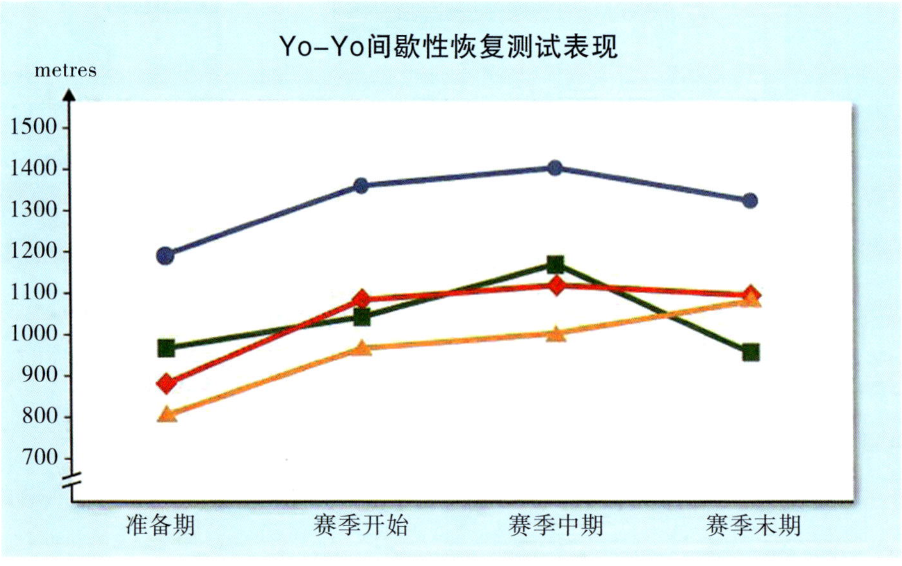

图11-1

随着赛季深入，个人在Yo-Yo间歇性恢复水平2测试结果的变化。请注意其中有2名球员从赛季中到赛季末的测试表现有明显的下降。

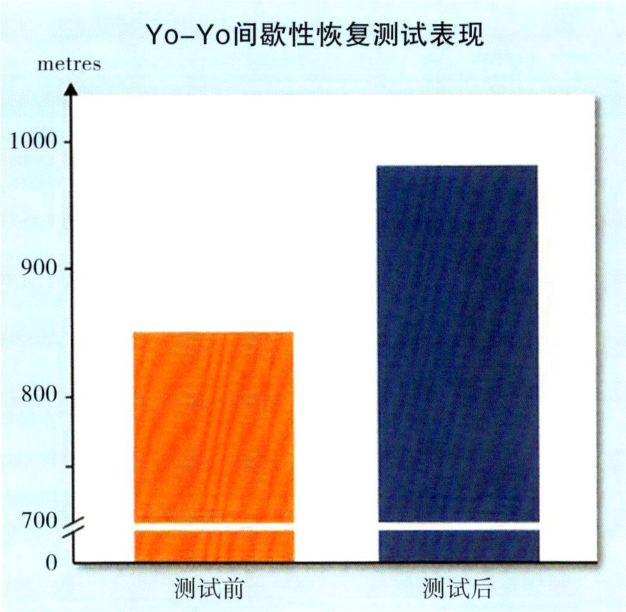

图11-2

在赛季中进行为期12周，每周30分钟的额外有氧高强度训练，在Yo-Yo间歇性恢复水平2测试前后的表现。注意额外训练对成绩有显著影响。

进行大强度训练课的次数取决于一周的参赛数量和训练课次数。表11-2显示了一个球队每周进行一场比赛的训练计划，例如，每周日比赛，一周训练3～5次。当一周训练3次时，所有的训练课除了技战术训练外，还应该包括体能训练部分。一些球员在比赛结束后两天仍然有疼痛（这里指星期二），但在大多数情况下，他们能够进行有氧高强度训练。第二天（星期三），他们应该准备好进行高质量的速度耐力训练。通过星期四的休息，球员可以从大强度的训练课中完全恢复，并且他们应该为第二天（星期五）进行速度训练做好充分的准备。对于一周训练5次的球队，可以使用同样的时间表。只是在每节训练课中进行更多次的重复，因为希望他们能有更高的训练状态。此外，球员可以进行一次有氧高强度训练课（星期五），以及在比赛前一次进行速度训练课（星期六）。显然，可以分配给技战术训练更多的时间。应该注意的是，在这些训练课中，评估个别负荷是必不可少的，并且在决定重复的确切次数时要考虑到这一点。没有参赛或者没有踢完整场的球员可以在每节训练课中进行更多次的重复，并在技战术训练中加倍努力，或者他们可以在比赛结束后第二天就开始进行训练。

表11-2 赛季中球员一周一赛，一周三次训练（A）或一周五次训练（B）的周训练计划

A—周安排—每周训练3次							
天	星期一	星期二	星期三	星期四	星期五	星期六	星期日
	休息	技战术训练 15分钟	技战术训练 15分钟	休息	技战术训练 15分钟	休息	比赛
		有氧高强度 6×2分钟 （1分钟休息）	速度训练 10×2～3秒 （45秒休息）		速度训练 10×2～3秒 45秒休息		
		技战术训练 20分钟	速度耐力训练 6×25秒 （2.5分钟休息）		技战术训练 30分钟		
			力量Ⓟ				
B—周安排—每周训练5次							
天	星期一	星期二	星期三	星期四	星期五	星期六	星期日
	休息	技战术训练 15分钟	技战术训练 30分钟	技战术训练 60分钟	技战术训练 15分钟	技战术训练 15分钟	比赛
		有氧高强度 8×2分钟 （1分钟休息）	速度训练 15×3～5秒 （30～40秒 休息）		有氧高强度 8×1.5分钟 （45秒休息）	速度训练 10×2～3秒 （30秒休息）	
		技战术训练 25分钟	速度耐力训练 8×25～30秒 3分钟休息		技战术训练 20分钟	技战术训练 30分钟	
		力量Ⓟ					

■ 有氧中强度训练。
■ 有氧高强度训练。
■ 速度训练。
■ 速度耐力训练。
Ⓟ 力量训练。

表11-3说明了一个还参加周中比赛的球队训练。8天内有3场比赛，因而进行体能训练的时间有限。然而，这样认为球员就不能进行体力要求很高的训练是一种误解。在第一场比赛后两天（以及下一场比赛的前一天）可以进行一个短时间的有氧高强度训练课，并且在第二场比赛后两天（以及第三场比赛的

前两天）可以进行一个稍长时间的有氧高强度训练课。此外，速度训练可以在第三场比赛前一天进行，这时球员应该恢复良好，因为他们距离上一场比赛结束已经过去3天了。在职业水平球队中，相当多的球员踢不上比赛或者说只能在比赛中踢相当有限的时间。这些球员可以从更艰苦的训练计划中受益，但是也要考虑其中的一些人可能在接下来的比赛中上场。如表11–3所示，比赛结束后的第二天是进行高强度运动的最佳时间。但是，在决定训练类型和重复次数时，应该考虑到球员是否长途旅行并且可能睡眠不足。

表11–3　赛季中球队一周双赛时常规球员（A）和非常规球员（B）的周训练计划

A—周安排—常规球员训练							
天	星期一	星期二	星期三	星期四	星期五	星期六	星期日
	技战术训练 45分钟	技战术训练 20分钟 有氧高强度 4×2分钟 （1分钟休息）	比赛	休息	技战术训练 15分钟 有氧高强度 8×1.5分钟 （45秒休息）	技战术训练 15分钟 速度训练 10×2~3秒 （30秒休息） 技战术训练 15分钟	比赛
B—周安排—非常规球员训练							
天	星期一	星期二	星期三	星期四	星期五	星期六	星期日
	技战术训练 15分钟 速度训练 15×3~4秒 （30~40秒 休息） 有氧高强度 8×2分钟 （1分钟休息）	技战术训练 45分钟	比赛	技战术训练 30分钟 速度耐力训练 8×20~25秒 （2.5分钟 休息）	技战术训练 15分钟 有氧高强度 8×1.5分钟 （45秒休息）	技战术训练 15分钟 速度训练 10×2~3秒 （30秒休息） 技战术训练 30分钟	比赛

■ 有氧中强度训练。
■ 有氧高强度训练。
■ 速度训练。
■ 速度耐力训练。
Ⓟ 力量训练。

测试

为了检查球队中每名球员的状态，球员可以以个人或集体的方式进行测试。通常整个团队每年都要进行几次测试，主要是在准备期。但是，在赛季中对球员进行评估也是很有价值的。没有必要同时测试所有球员，虽然这可能更方便，因为测试设备只需要准备一次。但一些球员可能没有完全康复，所以他们的测试结果可能是无效的。因此组织单个球员的测试是可行的，并且这可以提供有价值的附加信息，例如，球员是否需要去改进他们的某些方面。如图11-1所示，一些球员在赛季中的表现显著下降，这是可以通过适当的体能训练来避免的。可以使用第2章中描述的测试。

总结

尽管足球是一项集体运动，但理论上，部分的体能和技术训练应该在个人基础上进行。这既可以在球员单独训练时进行，也可以在集体训练时进行，甚至也可以根据本书中描述的不同类型球员的特殊需要进行练习。对于所有球员来说，重点应放在大强度训练上，即速度训练、速度耐力训练和有氧高强度训练，这些训练可在一个训练周的某些时间进行，具体要取决于是准备期还是赛季中，以及本章所描述的比赛和训练的次数。对单个球员的频繁测试，可以提供有关如何为球队中的每名球员制订训练计划的宝贵信息。

参考文献与推荐读物

Bangsbo,J(1994). The Physiology of Soccer-with special reference to intense intermittent exercise. Acta Physiological Scandinavica, 151:p.1-155.

Bangsbo,J(1994).Fitness Training in Football-a scientific approach. HO+Storm,Denmark.

Bangsbo,J,Mohr,M,Krustrup,P(2006). Physical and metabolic demands of training and match-play in the elite football player.Journal of Sport Sciences 24,p.665-674.

Bangsbo,J(2007).Aerobic and Anaerobic Training in soccer.www.bangsbosport.com.

Bangsbo,J,Iaia,FM,Krustrup,P(2008).The Yo-Yo Intermittent Recovery Test: A useful tool for evaluation of physical performance in intermittent sports. Sport Medicine 38,p.37-51.

Bangsbo,J,Iaia,FM,Krustrup,P(2008).Metabolic response and fatigue in soccer.

International Journal of Sports and Physiological Performance 2,p.111-127.

Bangsbo,J,Andersen,JL.(2013).Power Training in Football.www.bangsbosport.com.

Bloomfield,J,Polman,R,O’ Donoghue,PG(2007).Reliability of the Bloomfield movement Classification. International Journal of Performance Analysis in Sports 6,p.20-27.

Bradley,P.S.,Carling,C,Archer,D.,Roberts,I,Dodds,A， Di Mascio,M.,Paul,D.,Diaz,A ,Peart,D,Krustrup,P(2011).The effort of playing formation on high-intensity running and technical profiles in English FA Premier League soccer matches.J.Sports Sci.29,p.821-830.

Bradley,PS,Carling,C,GomezDiaz,A,Hood,P,Barnes,C,Ade,J,Boddy,M,Krustrup,P,M ohr M.(2013).Match performance and physical capacity of players in the top three competitive standards of English professional soccer. Human Movement Sciences 32,p.808-812.

Castellano,J,Blanco-Villasen(~)or,A,Alvarez,D(2011). Contextual variables and time-motion analysis in soccer. Int.J,Sports Med. 32,p.415-421.

Di Salvo,V,Gregson,W,Atkinson,G,Tordoff,P,Drust,B(2009).Analysis of high intensity activity in Premier League soccer. Int.J.Sports Med.30,p.205-212.

Di Salvo,V,pigozzi,F,Gonz á lez-Haro,C,Laughlin,MS,and De Witt JK.(2013).Match performance comparison in top English soccer leagues.International Journal of Sport Medicine 34,p.526-532.

Iaia,FM,Rampinini,E,Bangsbo,J.(2009).High intensity training in football. International Journal of Sports and Physiological Performance 4,p.291-306.

Ingebrigtsen,J,Bendiksen,M,Randers,M,Castagna,C,Krustrup,P,Holtermann,A(2012).Yo-Yo IR2 testing of elite and sub-elite soccer players: performance,heart rate response and correlations to other interval tests.J.Sports Sci.30,p.1337-1345.

Krustrup,P,Mohr,M.,Amstrup,Rysgaard,T,Johansen,J,Steensberg,A,Pedersen PK,Bangsbo,J(2003).The Yo-Yo Intermittent Recovery Test:Physiologicalresponse,reliability and validity. Medicine and Science in Sports and Exercise 35,p.695-705.

Krustrup,P,Mohr,M,Ellingsgaard,H,Bangsbo,j(2005).Physical demands during an elite female soccer game:Importance of training status.Medicine and Science in Sports and Exercise 37,p.1242-1248.

Krustrup,P,Mohr,M,Steensberg,A,Bencke,J,Kjar,M,Bangsbo,J(2006).Muscle and blood metabolites during a soccer game:Implications for performance.Medicine and science in Sports and Exercise 38,p.1165-1174.

Krustrup,P,Mohr,H,Nybo,L,Jensen,JM,Nielsen,JJ,Bangsbo,J(2006).The Yo-Yo IR2 test：Physiological response,reliability and application in soccer.Medicine and Science in Sports and Exercise 38,p.1666-1673.

Krustrup,P,Zebis,M,Jensen,JM,Mohr,M(2010).Game-induced fatigue patterns in elite female soccer.Journal of Strength and Conditioning Research 24,p.437-441.

Mohr,M,Krustrup,P,Bangsbo,J(2003).Match performance of high-standard soccer players with special reference to deveiopment of fatigue.Journal of Sport Sciences 21,p.519-528.

Mohr,M,Krustrup,P,Bangsbo,J(2005).Fatigue in soccer:A brief review.Journal of Sport Sciences 23,p.593-599.

Mohr,M,Krustrup,P,Nielsen,JJ,Nybo,L,Rasmussen,MK,Juel,C,Bangsbo,J(2007). Effect o two different intense training regimens on skeletal muscle ion transport proteins and fatigue development.American Journal of Physiology 292,p. R1594-R1602

Mohr,M,Krustrup,P,Andersson,H,Kirkendal,D,Bangsbo,J(2008).Match activities in elite women soccer players at different performance level.Journal of Sport Sciences 22,p.519-528.

Mohr,M,Racinais,S,Grantham,J,Nybo,L(2012).Physiological responses and physical performance during football in the heat.PLoS ONE 7,p.1-7.

Mohr,M,Krustrup,P (2013).Yo-Yo intermittent recovery test performances within an entire football league during a full season.Journal of Sport Sciences,[epub ahead of print].

Mohr,M,Krustrup,P (2013).Comparison of two anaerobic speed endurance traning methods in competitive football.Journal of Strenth and Conditioning Research[in press].

Mujika,I,Spencer,M,Santisteban,J,Goiriena,JJ,Bishop,D(2009).Age related differences in repeated-sprint ability in highly trained youth football players. Journal of Sport Sciences 27,p.1581-1590.

Rampinini,E,Coutts,A,Castagna,C,Sassi,R,Impellizzeri,F(2007).Variation in top level soccer match performance.Int.J.Sports Med.28,1018-1024.

Randers,MB,Mujika,Hewitt,A,I,Santisteban,J,Bischoff,R,Solano,R,,Zubillaga,A, Peltola,E,Krustrup,P,Mohr,M(2010).Application of four different match analysis systems–A comparative study.Journal of Sports Sciences 28,p.171–182.

Rostgaard,T,Iaia,FM,Simonsen,DS,Bangsbo,J(2008).A test to evaluate the physical impact on technical performance in soccer.Journal of Strength and Conditioning Research 22,p.282–292.

专有名词中英文对照

A

Aerobic training 有氧训练

Anaerobic training 无氧训练

Arrowhead Agility Tes 箭头灵敏性测试

Attacker 前锋

C

central defenders 中后卫

Central midfielders 中前卫

Combination drills 组合练习

Countermovement Jumping Test 原地下蹲纵跳测试

Creative Speed Test 创新速度测试

E

External midfielder 边前卫

F

Feinting 假动作

Female players 女性球员

Fitness analysis 体能分析

Full-back （边）后卫

G

Goalkeeper 守门员

GPS 全球定位系统

H

Heading 头顶球

I

Impact 冲击

In-season planning 赛季中计划

K

Kicking 踢球

L

Linear Speed Test 线性速度测试

M

Match analysis 比赛分析

Match analysis systems 比赛分析系统

Multiple-camera system 多摄像系统

P

Player analysis 球员分析

Playing position 场上位置

Pre-season planning 准备期计划

S

T

Y

Z

• 亚足联教练员培训指定教材

足球体能训练丛书

足球有氧与无氧训练

Aerobic and Anaerobic Training in Soccer

延斯·邦斯博著

Jens Bangsbo

C、B、A及职业级教练员培训教材

足球体能测试

Fitness Testing in Football

延斯·邦斯博

Jens Bangsbo

麦格尼·莫尔著

Magni Mohr

B、A及职业级教练员培训教材

足球运动与训练生理学

Exercise and Training Physiology

延斯·邦斯博著

Jens Bangsbo

A及职业级教练员培训教材

足球力量训练

Power Training in Football

延斯·邦斯博

Jens Bangsbo

杰斯帕·L. 安德森著

Jesper L. Andersen

A及职业级教练员培训教材

足球个人体能训练

Individual Training in Football

延斯·邦斯博

Jens Bangsbo

麦格尼·莫尔著

Magni Mohr

A及职业级教练员培训教材

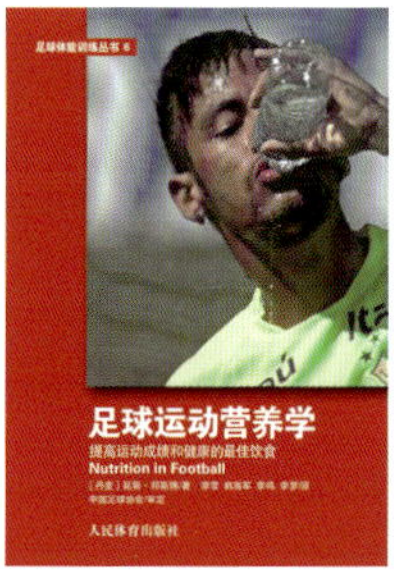

足球运动营养学

Nutrition in Football

延斯·邦斯博著

Jens Bangsbo

A及职业级教练员培训教材

版权声明

版权合同登记号：图字01-2018-5216